ユーモアとしての教育論

可笑しみのある教室へ

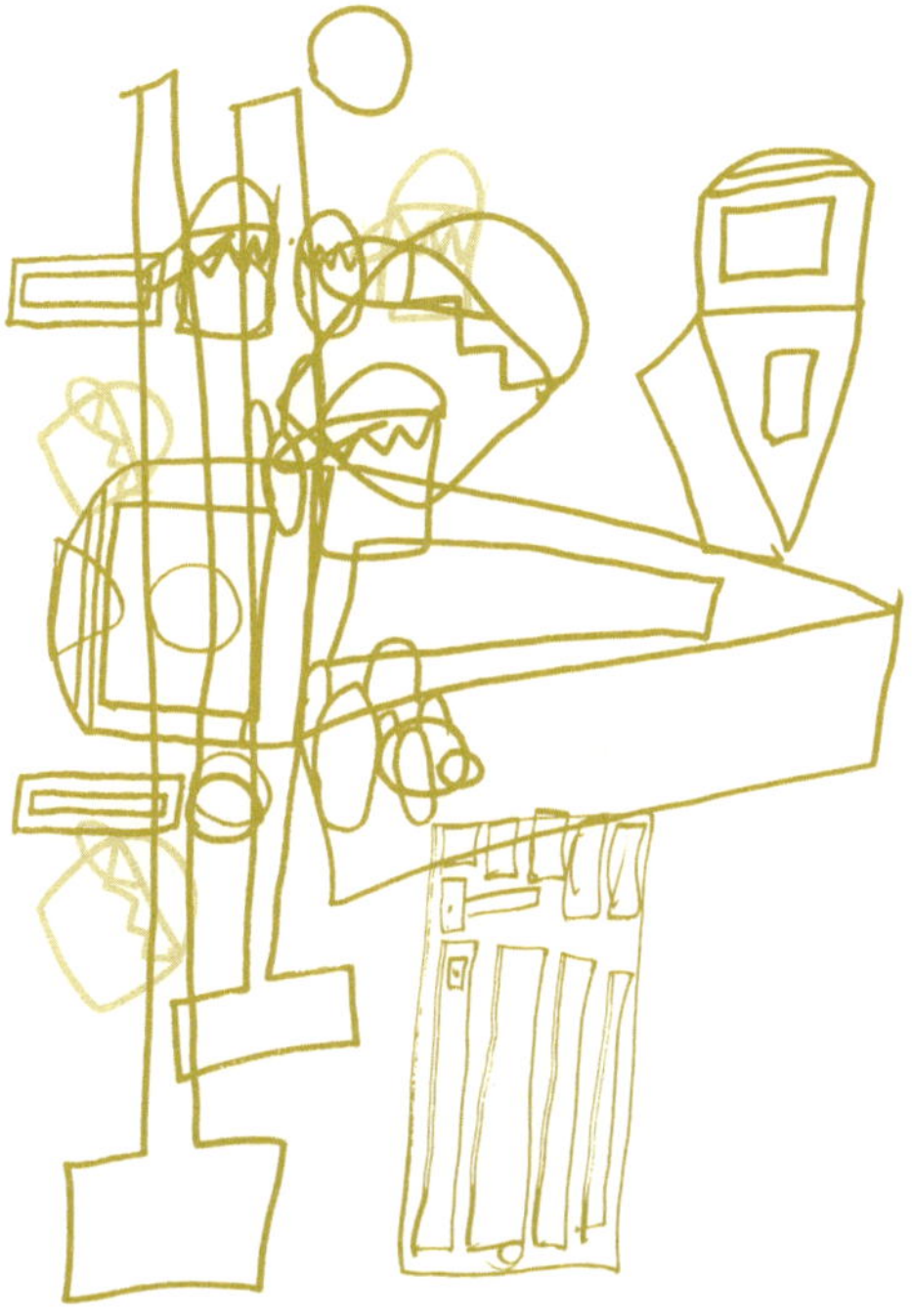

三好正彦
平野拓朗
[編著]

枝廣直樹
古角好美
柴田尚樹
鈴木伸尚
[著]

現代書館

はじめに

平野拓朗

中学の頃、身体の弱い体育教師がいた。月曜日の朝は、保健室のベッドで寝て、身体を休めてから遅刻して教室に入るのである。この教師のスタンスは、多くの生徒にウケた。この話を楽しむ私も含めた生徒たちの口ぶりには、蔑みでも、親しみでもない何かがあった。それは「身体の弱い体育教師」という語義矛盾の響きに還元されるものでもなかった。（確かにかなりおもしろいが。）恐らくは、むしろ精神的な困憊も含まれているであろうこの体育教師の怠惰な姿に、教育的なもの、学校的なものには収まらないメッセージを受け取ったからであろう。何かにヤラれている先生の姿は、私たちを枠付けるものから開放させてくれたのである。このエピソードに漂う〈可笑しみ〉こそ、本書の言うユーモアであり、教育の可能性である。

先輩であり同僚でもある三好正彦氏と「ユーモアとしての教育研究会（ユーモア研）」を立ち上げたのは、私が大阪女子短期大学に着任した二〇一四年の四月である。我々には、現況の教育現場や教育を語る言説に「ユーモアがないこと」が何よりも問題であるように思えたからである。しかし、それはユーモアと教育に関する論考が手薄であることを意味していない。むしろ「ユーモア本」なら巷に溢れている。それらは、どのようなユーモアが子どもにウケるのかを教示してくれるし、あるいは、ユーモアを介して学級集団の結合を図る術を伝授してくれるだろう。問題なのは、そのような「ユーモア本」にもやはり「ユーモアがないこと」なのである。そこには、「身体の弱い体育教師」に漂う〈可笑しみ〉がないのである。それどころか、教員評価に追われ、管理職や生徒や保護者のウケに齷《あく》齪《せく》する教師と同様のあの没入、教育的なもの、学校的なものへの没入を感じる。教員の資質・力量の向上が叫ばれ、その客観化、スタンダード化が新自由主義的な教育改革と相俟って進行するなか、怠惰な体育教師のエピソードなどもはや語るに憚られるであろうことを考えれば、それも当然かもしれない。しかし、教育的なもの、学校的なものへの没入によって失われるのは、むしろ教育の可能性ではないだろうか。そもそも教育とは、教育的な言説や学校的な語りには回収されない伝達不可能なメッセージの感受なのだから。（伝達可能であれば教育ではなく、伝達不可能であれば教育にならない。）このような思いが我々をユーモア研に駆り立てたのである。

本研究会では、まず、教師も生徒も笑える領域のみを扱うユーモア論ではなく、教師は笑えないが生徒は笑える領域や生徒も教師も笑えない領域に注目することで、教育的なもの、学校的なものを相対化する方向性が共有された。そして、各自の専門に照らして、既存の教育的・学校的秩序を相対化しつつも（あるいは、相対化するが故に）、教師と生徒を開放する事態について議論が重ねられた。それは、教育的かかわりに漂う〈可笑しみ〉を汲み取ることであり、ユーモアの妙に触れることであったと言える。

故に、我々は今日の教育的病理を解決する特効薬としてユーモアを提示することはしない。そうではなく、我々を蝕む病理を沁沁と感じ、味わい、楽しむのである。ユーモアは使うものではなく、醸《かも》すものであり、纏《まと》うものである。それは、「残念な教員」を批判することでは踏み入れることのできない教育の世界への第一歩を促すのである。

ユーモアとしての教育論＊目次

はじめに……平野拓朗 1

第Ⅰ部　ユーモアと教育 9

第一章　学校教育と笑い・ユーモア……鈴木伸尚・柴田尚樹 10

はじめに
第一節　学校教育に役立つ笑い・ユーモア論
第二節　学校現場を考えるための「笑い」と「ユーモア」の分け方・論じ方
おわりに

第二章　ユーモアという教育的態度……平野拓朗 40

はじめに
第一節　学校教育の陥穽　あるいは〈正しいことは良いことだ〉という問題
第二節　笑いにおける絶対化と相対化
第三節　教室における四つの笑い×態度

第四節　ユーモアとしての教育的態度
第五節　総合的考察
コラム・がんばる先生、がんばらない先生……枝廣直樹　80

第Ⅱ部　子ども問題とユーモア　85

第一章　子どもとユーモア……三好正彦　87
第一節　子ども問題と子どもを取り巻く状況
第二節　ゼロトレランス的生徒指導の影響
第三節　ユーモアとの関連と意義

第二章　子どものふざけに対するユーモアの実際……枝廣直樹　113
第一節　劇の演出家兼役者になろう
第二節　舞台を広げよう
第三節　舞台に上がる子を増やそう
第四節　舞台には様々な形があることを提案しよう
第五節　スポットライトを操作しよう

第六節　子どもの（ブラック）ライト操作に注意しよう
第七節　教師もスポットライトに当たろう
第八節　多様な劇の在り方を思い描こう

第三章　教育的なかかわりにおけるユーモア……三好正彦　158
第一節　第二章の「事例を通してのユーモア」の意義
第二節　「ダックス先生」を通して　豊かな教師―生徒関係を見る
第三節　子どもにとってのユーモア的態度の意義

コラム・にぎわいと可笑しみがある保健室……古角好美　181

第Ⅲ部　教師の仕事とユーモア　185

第一章　教育現場におけるユーモアの意義と
ユーモア的態度への変容について……枝廣直樹　186
第一節　ユーモア的態度を心がけるきっかけ
第二節　教育現場におけるユーモアの意義
第三節　ユーモア的態度への変容

第四節　まとめ

第二章　ユーモアの事例検証
——養護教諭がつくる「保健だより」を通して……古角好美　210
第一節　ゴミ箱に捨てられていた「保健だより」
第二節　養護教諭が発行する「保健だより」の活用状況
第三節　パターン化・マンネリ化した「保健だより」と学校長の指導的講話
第四節　啓発型からコミュニケーション型の「保健だより」へ
第五節　ユーモア表現による実際の「保健だより」を通して
おわりに

第三章　ユーモアとしての教師論……平野拓朗　244
第一節　〈正しいことは良いことだ〉という問題（教師編）
第二節　〈質〉への接近と四象現
第三節　二つの態度変更
第四節　考察

結語……三好正彦 262
謝辞 267
編者・執筆者紹介 268

第Ⅰ部　ユーモアと教育

第一章　学校教育と笑い・ユーモア

鈴木伸尚・柴田尚樹

はじめに

学校教育において、笑いやユーモアはどのような位置づけがされているだろうか。一般に多くの人にとって学校は勉強をするところであり、勉強とは教室で先生の話を静かに聞くことである。だから教室で子どもの笑い声が響き渡ることは、ひと時であれば「楽しい授業」がされていると評価されるかもしれないが、いつまでも続いていれば「騒がしい教室」と周りの教師や保護者からクレームを受けるかもしれない。そのため笑いを巻き起こすユーモアのある子どもは静かな教室にとって両義的な存在だ。子どもの活発さを示すとともに授業の混乱の要因ともされるからだ。またユーモアのある教師も同様に、類似した評価を受けるだろう。つまり、児童・生徒に学習指導要領で定められた教科書の内容をスムーズに伝達して習得させることが教員の仕事の第一義であって、その際にユーモアのセンスとは、この目的に資するかぎりにおいて求められる資質・能力であって副次的なものに留まる。したがって、笑いやユーモアは学校教育において通常、両義的で周辺的な位置にある。

ただし、このような見方は二十一世紀に入ったここ一五年ほどの間にいくらか違った様相を呈している。あるいは少なくとも異なる見方の提示が一部の学校関係者やそれを超える広がりの中から活発になされている。この第一章ではまず、新しい見方について三つの視角から整理をした。一つ目が健康増進のための笑い・ユーモア、二つ目が学級運営のための笑い・ユーモア、そして三つ目が個人の資質・能力向上のための笑い・ユーモアである。これらはみな、笑いやユーモアが学校教育の役に立つと同時に、今日の学校を取り巻く状況を鑑みると、時に中心的な役割を果たすと主張するものである。

対して本書では全体として、これらの見方あるいは試みが現在の学校に役立つ方法論へと収斂していくことを危惧して、笑いやユーモアが学校にまつわる価値を相対化しつつ、教育の豊かさと複雑さを保障する点に着目している。笑い・ユーモアを学校教育のための方法論として捉えるのでなく、教育をユーモアなものとして捉える「態度論」と理解している。第一章の後半では方法論と態度論とを区別するポイントとして第一に、身体活動としての「笑い」と精神態度としての「ユーモア」の違いを指摘する。そこから、ユーモアとは自己を相対化する態度である、と定義づける。第二に、この態度論は教室をべき論による規範的な観点で捉えるのではなく、臨床的な視野を要請する点を詳述する。

本書全体の構成についても先に述べておく。続く第Ⅰ部第二章は、本章で述べた学校教育の話に留まらず、(近代)教育学というより大きな枠組みにおいてユーモア的な「態度論」の位置について論じる。第Ⅱ部ではより具体的に、現在の子ども問題と切り結ぶ形でユーモア的態度のもつ可能性を、実際の教師と子どものやりとりを通じて考察する。そして第Ⅲ部では、教師の仕事としてユーモア的態度の意義とは何かについて、二人の教師の態度変容を例として考える。以上をまとめると、第Ⅰ部が入門・原理編としての教育論、第Ⅱ部と第Ⅲ部が応用編としてそれぞれ子ども論・教師論にあたる。本章はまた、全体の入口と同時に後の章では取り上げられない近年の笑い・ユーモア論の簡単なレビューになっている。

第一節　学校教育に役立つ笑い・ユーモア論

1　健康増進のための笑い・ユーモア――笑いは体にいい

青砥弘幸（二〇〇七）は、二〇〇〇年以降に日本で増え始める「教室ユーモア」（教育活動が行われる場所に関するユーモア）研究の背景に、一九九四年設立の「日本笑い学会」と二〇〇一年設立の「お笑い教師同盟」をはじめとした笑いやユーモアに関する社会的な意識の向上と研究対象としての認識の高まりを指摘している。その「日本笑い学会」の設立十五周年にあたる二〇一〇年、学会の会長（当時）を務めていた井上宏が、これまでの「笑い学」研究を振り返るなかで大きな関心を集めたテーマとして「笑いと健康」をあげている（井上、二〇一〇）。

糖尿病患者に漫才を聞かせ笑ってもらうと血糖値が改善した、リウマチ患者に落語を一時間聞かせて炎症性物質インターロイキン6の値が下がった、がん患者が吉本新喜劇を楽しんだ後に測定するとがん細胞を攻撃するNK細胞が活性化していたなど、「ワッハッハ」と大きな声で笑うことが健康に良いことを生活の経験からだけでなく、実験データを伴って医療関係者から主張され始めたのが、これらの研究の特徴である（昇、二〇一〇）。

　笑いに生理的な効果が生じるメカニズムについては、例えば笑うことは自律神経系に影響を与えると言われている。笑っている間は交感神経優位となり、心拍数や呼吸数などが上昇し、エネルギー消費も一〇〜二〇％上昇するという。交感神経は緊張状態や活動状態の際に活発になるため、笑うことは一種の緊張状態となる。笑うことは一種の緊張状態となる。しかし、笑いがおさまると副交感神経優位となりリラックス状態になる。私たちが生きる社会では慢性的に軽度の緊張状態を強いられているが、笑いはこの緊張状態をひと時のより高い緊張状態（活動状態）へと導く。「ワッハッハ」と笑うことは、脳に対する強い刺激となり、他多数の弱い刺激をかき消していく。その結果として笑いの活動状態だけが残るが、これが静まっていくと弱い刺激も同時に静まって、深いリラックス状態がおとずれる（注1）。

　では、このことと学校教育とのつながりはどうであろうか。慢性的な症状を抱える人々がいる病院とは異なるが、学校現場においても、例えば橋元慶男は「生徒のストレスコーピング」のため、高校生を相手に笑顔をつくるエクササイズ（体操）を言葉遊びや自分の失敗談の語りとともに試みた（橋元、二〇一〇）。より典型的なのは「笑いヨガ」（Laughter Yoga）だろう。一九九五年にインドの医師マダン・カタリアが始めた、ヨガの呼吸法に合わせたこの笑いの体操は、日本ではＮＰＯ法人「ラフターヨガジャパン」をはじめいくつかの諸団体が中心となって病院や介護施設だけでなく小・中学校、高校にも普及活動をしている。

2　学級運営のための笑い・ユーモア――笑いとユーモアで学級をまとめよう

教育現場に笑い・ユーモアが求められるようになった背景の一つに「学級崩壊」がある。学級崩壊とは、「私語、立ち歩き、器物破壊、エスケープ、遅刻、教師への反抗などによって授業が成立しなくなり、子どもたちが担任の指示に従わず、学級としての生活の全体が崩れてしまうといった現象」（築山、二〇〇七）である。突然に集団生活から逸脱した行動をする子どもに他の子どもが同調したり便乗したりすることで教室が無秩序状態となり、学級が機能不全に陥ってしまう。この現象は教師の力量や地域差に関係なく生じていて、学校の構造的な問題が背後にあると考えられた。[2] この一九九〇年代後半以降に日常化した問題へ対処するため、一群の教師と教職経験者たちが笑いやユーモアを学級に持ち込んだ。「教室に笑いを！　子どもに笑顔を！　お笑いから教育技術を学ぼう！」を標語に「お笑い教師同盟（仮）」を二〇〇一年に立ち上げた上條晴夫が念頭においていたのは、こうした「子どもたちが教師の話を椅子にすわって大人しく聞く、というこれまでの教室の規律が守れないことが多くなって」きた状況で「子どもたちともっと楽しくやりとりしながら指導を進めるにはどうしたらよいか」という問題関心であった（上條、二〇〇五）。

上條は現場への取材から問題の背景として、教師と子どもの距離感が遠くなったことと、子ども同士の距離感が遠くなったことの二つの心理的な要因をあげる。また結果として、教室に緊張感が増して安心感が不足してきたことと、分かりやすいだけでは話が伝わらず「おもしろさ」でもって子どもの関心をひきつける必要がでてきたことを指摘する。それらの問題への対応策として提言したのが、教室をなごませる技術、子どもの私語と上手につきあう技術、自分のキャラクターに意識的になることである。上條はモデルをテレビで活躍するお笑い芸人のコミュニケーション技術に求めた。その代表が萩本欽一から学んだ「フリ・オチ・フォロー」の笑いの基本型だ。フリとは、「観客に、これから展開するギャグの状況を知らせる、ネタを振る」ことである。ネタを振ることで観客に先の展開を予想させて、期待をさせる。次に、その予想させたことと違うことを演じて期待を裏切ることがオチ（オトシ）と呼ばれる。最後にフォロー（ウケ＝ツッコミ）で、オチの後の演者と観客の雰囲気を調整して話を次につなげる段階が来る。笑いは演者によって二番目のオチか最後のフォローで起こるよう企図される。

上條はこの基本型で特にフリとフォローの技術を教師が磨くよう主張した。なぜなら今までの「笑い」が好きな教師は自身が笑いをとること（オチ）に終始していて、ともすれば子どもが笑わせられる側に一方的に回ってしまった。そうではなくて、教師が「笑い」のフリを投げかけて子どもがボケて笑いをとる、あるいは子どもがオチをつくって「笑い」が生まれてくるようにする。また、子どものオチ・ツッコミがウケなかったときは、教師がフォローに回って、ウケなかったオチ・ツッコミを教師の介入によって「笑い」にする。たとえ笑いにしなくても次の話に何事もなくつなぐ。彼は教師にこうした姿勢を求めた。

子どもたちが笑いを自らつくりやすい状況を整えるため、先ほどの基本型に加えて、上條たち「お笑い教師同盟」のメンバーは、場の空気を温める（見ている側の緊張を笑いでほぐして演者に集中させる）「ツカミ」の技術と、見ている側が分かりやすく笑えるように自分自身をキャラクターとして単純化させる「キャラ」の技術とを、教室全体の空気を変えるバラエティーゲームの数々とともに持ち込んだ（上條編、二〇〇一a、二〇〇一b：上條、二〇〇五）。

「笑い」でもって学級集団をまとめていこうとする試みはその後も積極的に展開される。例えば山口県の小学校教員である中村健一は、『子どもも先生も思いっきり笑える 七三のネタ大放出！』といった笑いのネタをまとめた小著や笑いを使った学級・授業づくりの著作を多数出している（中村編、二〇一〇：中村、二〇〇九、二〇一一、二〇一三）。ただし中村は、「片手にきびしさを！ 片手にユーモアを！」を標語とするように、一方で「厳しく叱る」ことに力点をおいている。中村は教室に安心感をもたらすための手法として、「笑い」と「叱り」の双方を重視して、この二つを先ほど紹介した笑いの基本型に習い、フォローする技術としてまとめた。つまり教師が子どもに指示することを「フリ」として、子どもが行動する箇所が「ウケ」、子どもの行動を教師が評価する段階が「フォロー」とした。自身の歩みを回想しつつ明らかにしているように、このフォローの技術の研鑽が彼の現在のテーマである（中村、二〇一三）。

九〇年代後半以降に日常化したと言われる学級崩壊に対して、以上見てきたように、お笑い教師同盟に近い人々は笑いとユーモアで対処しようとした。上條、中村のほかにも、運動会などの行事でのかぶり物を薦める古川光弘、太いチョークやサイコロなどユーモアを演出するグッズを提案する蔵満逸司がいる（中村編、二〇一四）。いささか風変わりに映るこれらの実践もつぶさに見れば、今日の文部科学省が現場の教師に求める「実践的指導力[3]」や「コミュニケーション力[4]」の中に十分に位置づくことが理解されるのではないか。

3　個人の資質・能力向上のための笑い・ユーモア――笑いを考えて力をつける

笑いとユーモアを通して教師のコミュニケーション能力を高めるだけでなく、子どもにも様々な力をつけさせる取り組みが行われている。例えば二〇一二年から大阪で始まった「笑育」がある。「笑い」を通して「コミュニケーション力」や「思考力」などを楽しみながら身につけることを目的として、松竹芸能がお笑いの構成作家とプロの漫才師を派遣した出前授業を行っている。代表的な形として、始めに笑いや会話の論理的な仕組みを学び、次に漫才師による「漫才」の実演を見た後、今度は子ども自身が漫才を考えて人前で発表するものがある。ここでは漫才を取り組みの中心にすえて、(一)発想力・創造力、(二)論理的思考力、(三)プレゼンテーション力の三つを身につけることが期待されている。つまり、(一)ほかの人が思いつかない面白いことを考えることで創造する力をつけること、(二)自分が考えた面白いことを効果的に伝えるためにどのような順番で話すかなど、構成・編集する力をつけること、(三)自分が面白いことを人前で発表して場慣れをさせることである。

例えば読売新聞が伝えるある日の授業では、「飲食店で、聞こえないふりを続ける店員に、お客が大声で注文を続ける」という台本で、店員役と客役を生徒の高校生が演じて「お客さん、そんな声じゃ奥のコックさんに届きませんよ」と店員がボケれば「お前が言いに行けや!」とツッコミ返して、笑いをさらう一幕があったという。先生役のプロの若手芸人と三百人を超す同級生の前でなされたこの漫才など、まさに典型例と言える(読売新聞、二〇一五年六月四日)。

二〇一五年度から「笑育」を一年間の長期の取り組みとして導入した大阪府立金岡高校の校長であ

る和栗隆史は、「笑育」について二十一世紀に求められるキー・コンピテンシー（主要能力）、探究的・問題解決的な資質・能力の獲得に資すると説明している。

また「笑育」のほかにも類似した試みとして、東京の小学校教員である杉村依香が五年生の担当児童を相手に実践した「ユーモア・スピーチ」がある（杉村、一九九九）。これは、自分が「〇〇に似ている」という自己紹介のスピーチをさせるにあたって、〇〇の部分におよそ自分と似ていないものを組み合わせて話をさせるというものだ。例えば子どもたちからは次のようなスピーチが出てきた。

こんにちは。ぼくはさるに似ているとよく言われます。ときどき、街を歩いていると、まちがわれることがあります。この間も、あざぶの街を歩いていると、「あ、あざぶのさるだ」と言われてしまいました。あみでつかまってしまって、高尾山のさる園のおりの中に入れられてしまいました。ぼくは「さるじゃない、人間だ」と言ったら、飼育係に「おまえ、日本語うまいな」と言われて、次は、サーカスにスカウトされました。そして、日本語をしゃべるさるとなって大かつやくしました。というのは真っ赤なウソです。ありがとうございました。

杉村が説明するところによれば、実際に都心に出没して高尾山動物園に保護されたサルの話を下敷きにしてつくられたこのスピーチは、発想の着眼点としてまったくの空想ではなく現実の出来事を参照している点でも興味深い。

以上、健康増進のため、学級運営のため、個人の資質・能力向上のために役立つ笑い・ユーモアの諸実践について背景とあわせて一瞥してきた。(5) 高齢化社会と軌を一にして、ストレスが多く、自己での対処が求められる社会で出てきた「笑い」による健康増進、それから学級崩壊の日常化という事態を受けて子どもと教師の距離、子ども同士の距離を縮める学級運営の手法として用いられた「笑い」、そして二十一世紀に必要とされる新たな活動的・問題解決型の資質・能力を獲得するのに役に立つ「笑い」という教材、三者三様であるが、いずれも今日の学校や教室の現状と切り結ぶ形で現れてきている。

第二節　学校現場を考えるための「笑い」と「ユーモア」の分け方・論じ方

第一節では、ここ一五年ほどの間に出てきた笑い・ユーモアを学校現場に役立てる諸実践を三つの枠に整理して見てきた。しかし、読者の多くが気づかれたであろうが、これまでは笑いとユーモアとを明確に区別せずに併記して、多くの場合は「笑い」を優先的に用いてきた。なぜなら、笑いはクスクス笑うか、ワッハッハと笑うかといった強度の差はあるが、等しく身体活動の一つと見なせるのに対して、ユーモアは定義が難しい。(6) 我々は本節の後半でユーモアを自己を相対化する態度と定義づけるが、まずは、実際の学校現場や教育現場にひきつける形で思考してきた二人の若手教育学者の議論を紹介・検討していく。

1　資質・能力としてユーモアを捉える

教育学者の青砥弘幸は、これまではある人物にユーモアがあるかないかを「おもしろい言動によって他者を楽しませる才能」、または「積極的にユーモアと関わろうとする性格」という形で個人の「才能」や「人格」の特性に還元してきた理解に対して、国語研究家の大村はまなどから着想を得て「能力（感覚）」という後天的に育成可能な形で捉えることを提案する（青砥、二〇〇八）。このことによって、生活全体からすれば限られた時間しかいない教室空間で学ぶ子どもたちにユーモアの力を意図的・計画的に育てる道が拓けるという。

では、青砥の言うユーモアの能力とは何か。それは（一）ユーモアをつくる能力、（二）ユーモアを味わう能力、（三）ユーモアを正しく判断・活用する能力の三つである。青砥はそれぞれを（一）「ユーモア創造力」（笑いのきっかけとなる事柄を発見して他人に伝える力）、（二）「ユーモア鑑賞力」（ユーモアを楽しむ精神的なゆとりや何がおもしろいかが理解できる力）、（三）「ユーモア活用力」（「適切さ」「量・質」「敬意」「感性」「その場の社会的な状況」を判断する力）と分別した。

しかし、この三つの力を育むための前提として、青砥は問題提起をもう一つしている。つまり、日本では「ユーモア」という言葉がもつ「おもしろさ・おかしさ」が「知的で高尚なもの、心を和ませるような温かさをもったもの」に限定して捉えられる傾向があるが、子どもが好きな、しかし大人から見れば粗野で攻撃的な笑いや低俗な笑い（教師や級友をからかう、お笑い芸人のモノマネをする笑い）も「ユーモア」という概念の内側に含めることである。なぜなら、子どもが実際にどのようなことに笑うか、実情をしっかりと把握したうえではじめて、適切な教材を開発して「ユーモア」の資質・能力の育成が可能になるからだ。

教師教育論・授業方法論を専門としつつ、お笑い芸人としても活動している矢島伸男は、この「ユーモア」の定義に関する議論をもう一歩進めて、そもそも「笑い」をいい笑いと悪い笑いに区別することに反対する（矢島、二〇一一b）。つまり「質の良い笑い」や「人間性に結びついたある種の深みのあるおかしさ」のみを「ユーモア」として定義するのでなく、また青砥のように粗野や低俗と呼ばれる笑いをその中に含めるだけに留まらず、笑いの良い悪い、何を面白いと感じるかは美的感覚と同じで個々の人間の好みによることを理由に、何かしらの価値基準を前提として持ち込むことを慎むべきだという。そしてこれまで笑いの「質」に依拠していたユーモア観に換えて、笑いのきっかけとなる「要素」をすべてユーモアとする「森羅万象ユーモア説」を提唱した。そして、潜在する笑いの要素としてユーモアを感じ取ってそのおかしみを伝える資質・能力を「ユーモア・センス」と定義する。

「笑い」：おかしみを感じる現象すべて
「ユーモア」：この世すべてに潜在する笑いの要素
「ユーモア・センス」：人間が笑い・ユーモアの効果を享受するための資質・能力

（矢島、二〇一一a）

「ユーモア」（笑いのタネ）を「ユーモア・センス」という資質・能力で（面白いものとして）発見し

て「笑う」「笑わせる」という形で表現する。矢島のこの考え方が意図するのは、第一にユーモアと笑いに明確な区別を設けたこと、第二に、物事そのものの中に面白さがあるのでなく、それを引き出し、享受し、伝達する人間の能動的な資質・能力に重きをおき、ユーモア・センスという言葉で浮き彫りにしたことだ。

矢島のユーモア・センスは、(一)発見力(ユーモアを発見し、理解する能力)、(二)構成力(ユーモアからおかしみを見出し、表現するための内容を構成する能力)、(三)表現力(自分が考えるユーモア的表現を的確に伝える力または笑いの認知を知らせる能力)、(四)判断力(TPOに応じてユーモア的表現を用いる能力)の四要素で構成されている。

教師に求められるユーモア・センスについて矢島は、第一に判断力を、第二に発見力、第三に表現力、そして構成力を最後においた。笑いを伝達するうえで最終調整を担う判断力は、笑う際にはTPOに応じて笑いを自制、誇張し、時には愛想笑いにする。また笑わせようとする際にも言葉選びや話す速さを調整することに関わってくる。そして心理的余裕をなくすと「笑い」をうまく制御できなくなると指摘する[7]。

青砥と矢島ではユーモアと笑いの区別はいささか異なるが、両者はともに学校現場で求められるユーモアの資質・能力として前者の言葉で言えば「ユーモア活用力」、後者の言葉でいえばユーモアの「判断力」を第一にあげている。つまり、その場に望ましい笑いと望ましくない笑いを判別する力を身につけることを教師・生徒を問わず第一義としている。

2　笑いはあってもユーモアはない？

では、以上の青砥と矢島の仕事によって学校現場を考えるうえでの「笑い」と「ユーモア」の分け方および論じ方は十分だろうか。確かに青砥の提案から始まって、ユーモアは生まれながらの人格・才能ではなく後天的に身につけうる資質・能力と捉えられ、また、教室で実際に子どもから出るだろう笑いもユーモアに含まれるようになった。とはいえ、ユーモアという言葉から「知的で高尚なもの、心を和ませるような温かさをもったもの」という限定を取り除き、さらに矢島のように笑いのきっかけとなる「要素」（笑いどころ）をすべて「ユーモア」とするまでに範囲を拡大することで抜け落ちてくるものはないか。また、青砥も矢島もともに身につけるユーモアの能力の一番にその場に望ましいものかを判別する力をあげているが、このことが抱える問題はないか。

我々は、ユーモアを笑いに押し込めることで、そこから本来はみ出していた部分が見えなくなること、例えば笑いという身体活動を必ずしも伴わないが、ユーモアを感じていた些細な出来事への目配りが弱くなるのを危惧している。つまり、ユーモアを潜在的な笑いの要素とみることは一見するとそこに笑いを見出す主体の能動性を強調しているが、実際は望ましい笑いとして周囲に評価されたもののみを後からユーモアであったと当人にも認識させる受動的な機序が全面化するのではないか。ここには教室空間における教師と生徒の非対称的な関係をはじめ、何かを笑うことは誰かと笑うこと、誰かと笑えることという笑いの相互構築的な側面が隠されている。(8)

眉をひそめる方もいるかもしれないが、具体例を一つ出そう。日本で「ユーモア教育」を早くに提唱した人物の一人に有田和正がいる。その有田学級のエピソードである。

ごみの学習を始めたころのことである。「ごみには、どんな種類があるか」という学習をしていた。ごみの種類の発表をしていたところ、一人の男の子の目にごみが入った。

その子が「先生、目にごみが入りました」「えっ！何が入ったの？」と、その子の方へ歩みよった。すると、その子が、「目に入ったごみは、何ごみですか？」と、ユーモアたっぷりに問いかけてきた。わたしは、すかさず、「そりゃあ、粗大ごみだよ」とまぜかえした。

とたんに、大笑いするはずであった。ところが、どの子もポカンとしているのである。

わたしは、「粗大ゴミ」の意味がわからないことに気づき、「国語辞典で、粗大とはどういうことか調べなさい！」と、きびしい口調でいった。

新しいクラスで、国語辞典を四年生になってそろえたばかりで、まだ十分に使えない。指示しないと調べない。子どもたちは、あわてて国語辞典を出した。社会科だから、国語辞典はいらないと思っている。こんなところから変えていかねばならない。子どもたちは、調べる。一人が、うふふ……と笑い出した。続いて、二人、三人と笑い出した。全員が笑うのに、五分近くを要した。

わたしは、このとき、「能力のない子は、すぐ笑えない」ということを発見した。意味がわからなければ、笑えないのである。その後、あちこちのクラスで、こういう場面を体験（飛び込み授業で）し、目撃した。

（有田和正、一九九三。ただし筆者が適宜改行を入れている）

さて、ユーモアの資質や能力があるとはここですぐ笑える子どもを育てることだろうか。この当時四年生の教室での出来事は、目の中に入ったごみは何かという子どもの問いかけに対して教師である有田が粗大ごみの「粗」の字に目が入っていることを踏まえて「粗大ごみだよ！」とまぜ返したら誰も笑ってくれなかった、と本来はここで終わってよい話だ。しかし有田は、子どもが笑えなかった理由を言葉の意味が分からなかったことに帰着させ、国語辞書で調べるように叱り、叱られた子どもたちが辞書を調べた結果、皆笑ったと書いてしまう。

確かに笑いの要因である状況のズレ、言葉のズレを理解することで笑うという機序があるが、この教師の振る舞いにユーモアを覚えることは難しいだろう。教師が自己を相対化する契機がないからだ。笑いはあってもユーモアはないという事態が、硬直した教師―生徒関係のもとで生じている。

3 自己を相対化するユーモア

本書では全体として、ユーモアに「自己を相対化する働き」がある点に着目している。ここでは資質・能力ではなく「態度」としてユーモアを見るための諸論について一瞥する。

ユーモアという言葉はもともとラテン語の「フモール（humour）」に端を発している。このフモールは古代ギリシャの時代には「体液」という医学用語を意味していた。この伝統をつくったヒポクラテスの体液学説では、フモールは血液・黄色胆汁・黒色胆汁・粘液の四つで構成されていて、この体液の配合がどのような按配かで人物の気質や体質が分かるという。例えばメランコリーといえば今日では「気がふさぐこと。悲哀感。憂鬱」（広辞苑）を意味するが、かつては体内に黒色胆汁（メランコリー）が満ちているためと考えられた。

時代が下って十六世紀中葉のヨーロッパ、特にイギリスにおいてユーモアは、文芸や演劇の分野を中心に「性格や態度の独自性、すなわち社会生活によって一般に決定される思想や感情や表現の平等化に対する抵抗」という意味で解されるようになった。その転換点の一つに、詩人・劇作家で批評家のベン・ジョンソンが、ユーモア（体液）が崩れた状態を病的と解したそれまでの伝統に対して正反対の解釈を提示したことがあげられる（河盛、一九六九）。

このような語の歴史的な由来をふまえて文学者の河盛は、ユーモアの感覚について著書『エスプリとユーモア』で次のように述べている。

ユーモアの感覚は、滑稽の感覚とはちがって、不調和の突然の出現によってではなく、不調和の漸次的認識によって引き起こされるということである。（中略）ユーモアの感覚は機知（wit）の鑑識とは異って、圧縮や不意打ちの刺激を必要としないこと、また肉体的直接的反応よりも、もっと速度ののろい手順を取ること、それは心の活動であるよりも心の態度であり、直観的ひらめきであるよりも静観的な意識下の習慣であることを暗示している。（河盛、一九六九。強調は筆者）

笑いに通じる「滑稽」の感覚や言葉によって笑いを生み出す「機知」（ウイット）の鑑識とは異なって、笑いといった肉体的に直接的な反応ではなく、「不調和」（物事のズレ）を意識下においてじっくりと受け止める心の「態度」としてユーモアを把握している点が我々にとってたいへん示唆的である。

なぜならユーモアは笑いという身体活動を必ずしも伴わなくてよいこと、ウイットのようにズレの認識が即座でなくてよいこと、そして心の活動ではなく事に処する構え、習慣となった心の態度として捉えられることを河盛は明晰に指摘してくれているからだ。

では、この心の態度といった点を敷衍したものとして、精神分析家のフロイトが提示したユーモアにまつわるあるエピソードとその解釈を見てみよう（フロイト、二〇一〇）。

週の初めの月曜日のことである。絞首台に引かれていく囚人がこう呟いた。「ふん、今週も幸先がいいらしいぞ」と。

囚人にとって今週の運勢など、その日に命を失ってしまう自身の運命からすればもはや何の意味ももたない。にもかかわらず、その良し悪しについて言及することで、近くで囚人の言葉を聞いた看守やこの逸話を読む第三者の我々にとって、何かしらホッとさせるところがある。なぜだろうか。

フロイトが説明するところによれば第一に、死を目前にして囚人がきっと絶望の淵に立っているだろうという周囲の予想を裏切って、人生に前向きな発言を囚人がしたので、そうした予想に向かっていた内的なエネルギーが節約されて「笑い」に転じたからだ。第二にいっそう重要なことは、当事者自らが子どものように振る舞いつつ、子どもに対して優越的な立場にある大人の役割も演じることで、生じる苦悩を異なる形に転換しているからだ。つまり、子どもにとって深刻に思える関心事も大人から見れば取るに足らないと感じることがしばしばあるが、これと同じ態度を当事者である囚人が看守や読者に対して自らの優位性の証しとしてではなく（「きみたちは心配しているかもしれないが、私はまったく死を恐れていないさ」）、怯えている現在の自己をより上位の場所から優しく元気づけるものとしてとっているからだ（「世界はとても危険に見えるけど実はこんなものなんだよ。子どもの遊びなんだから、茶化してしまえばいいんだよ」）。

心の態度としてのユーモアはしたがって、現状から距離をとって現在の自己を対象化して相対化する契機を含んでいる。こうしたユーモア観をユーモアの「態度論」と名付けて、資質・能力でユーモアを捉えて笑いを自己制御しようとする議論（「資質・能力論」）と区別する。態度論においては資質・能力論と異なり、しばしば個人の制御をはみ出る事態をどういう態度で受け止めるかがユーモアの賭金となる。したがって、笑いの望ましさと望ましくなさを判断する基準としての自己も相対化の対象となる。例えば、先ほどの「粗大ごみ」の事例で言えば、有田は笑わない子どもに国語辞書で調べるよう叱責したが、むしろ問われるべきはその「笑い」を望ましい笑いとする教師の態度で、その相対化からユーモアが醸し出される可能性が生じる(9)。この点について詳しくは第二章で展開される。

4　臨床的な視野で教室を見る

最後に、ユーモアの態度論は教室を規範的な観点で捉えるのではなく、臨床的な視野を要請する点について述べて本章を閉じる。教室空間において自己を相対化する契機としてユーモアを捉えるならば、教師は子どもとの関係を匿名的な関係から具体的な関係に転換することを迫られる。「はじめに」で書いたように一般に学校は勉強をするところであり、勉強とは静かに教師の話を聞くこと、教師は教科書の内容を速やかに伝達、習得させるべきと考えられている。すると、教師からすれば、笑いもユーモアもこれらの学校的な規範の内側に収まるようにと考えるのは無理ないことである。そのため笑いもまた、一度正しいものと教師が考えるとその速やかな習得が図られるのである。たびたびで申し訳ないが、例として有田和正の実践から「笑いの練習」をとりあげる。有田は四月の入学式で、担当した一年生の子どもたちへ次のように語りかける。

先生が「セーノ・ドン」といったら、大声で笑うのですよ。いいですか。

「セーノ・ドン」大声で笑ったのは、わたし一人だった。一年生の子どもたちは、不思議そうにわたしの顔をみていた。

「あれ！　どうして笑わないの？」というと、「なんで笑わなきゃいけないの？　おかしいことなーんにもないよ！」というのである。

「あのね、（中略）有田学級で一番大事なことは、よく笑うことなんだよ！　笑う子がいい子なの！」こんな話をすると、「はい、わかりました。笑います。」と、一人の女の子がいったので、これがおかしくてみんな笑った。

「そう、今のように大声で笑うんだよ」とはげまし、二、三回練習した。

子どもの表情を見ていると、三浦くんの笑顔がいい。それで、三浦くんを前に出して、彼の顔をみて、まねをしながら笑うように話した。（中略）

とにかく、一月間、毎日「笑い」の練習を続けた。これに合わせるように、子どもたちの表情は、日に日によくなっていった。

（有田和正、一九九三。ただし筆者が適宜改行を入れている）

この「笑いの練習」は、笑顔を基本的な生活習慣、しつけと言い切る有田においては、生活指導の一環なのかもしれない。しかし、ここで行われていることは初めの一回を別として、それ以降は何がおかしいかという認知的な過程を経ずに笑う、つまり可笑しくなくても教師がそう言うから笑うという、子どもの無邪気さを差し引いてもいささか倒錯した行為であることは否定できない。

さらに、教師が動機づけとして使っている「笑う子がいい子」というレトリックが問題だ。この点が明白なのが、有田の実践に倣って中村健一が四月の学級開きのときに子どもに提示する、「笑う子はいい子」であることを伝えるための四つの観点だ。

一．「笑う子」は「明るい子」――むすっとしているより笑顔の子どもの方が皆に好かれる。

二．「笑う子」は「頭がいい子」――笑うためには言葉の意味が理解できていないと笑えない。話の流れが見えていないと笑えない。

三．「笑う子」は「人の話をよく聞いている子」――一度に「どっ」と笑えるクラスは話を聞いている証拠で、笑いが少しずつ広がるクラスは話を聞いていない。

四．「笑う子」は「けじめのある子」――笑う子はいつでも笑っているわけではない。真面目なときとのけじめがついている。

（中村、二〇一一）

中村は上の条件を満たす子どもを「力のある子」と言うが、ここで図らずも明らかになっているのは、笑えない子は「力のない子」、教師にとって望ましくない笑いを発している子どもというメッセージである。「笑いの練習」の裏側にある能力観・子ども観は、学校的な規範（望ましさ）を強化する方向ではあっても、ユーモア的な態度が求める相対化からはやはりほど遠い。

しかし教室で起きる笑いは実際は様々であって、そこには堂本真実子が指摘するように、状況や認識のズレを要因にして、その場を共有する者たちが既存の秩序や規範を相対化する契機となるものも多い（堂本、二〇〇二）。したがって、こうした学校的な望ましさの背景にある規範が実際の笑いにおいてどのように揺さぶられるか、教師がどのように受け止めるかについて目を向ける必要がある。

我々は、第Ⅱ部「子ども問題とユーモア」で子どものふざけに近い「笑い」を見ていくが、その際に学校の求める望ましさに沿って子どもがどこまで笑えたか、笑えるようになったかといった認知や社会性に関する個体の能力発達を軸に見ていくのではない[10]。むしろ「ふざけ」といった言葉が自然と想起させるように、多種多様な育ちをする子どもたちが大人の価値観や学校で当たり前とされている価値観を揺さぶる側面から議論を掘り下げていく。

ここでは教師と子どもの関係はおのずと、一人ひとりの子どもがどのような状況で笑い、笑わないか、教師がどのような状況で笑い、笑えないかといった具体的な「いま・ここ」での関係に焦点化される。態度論としてのユーモアでは、学校で望ましいとされる目的に向かってどのような子どもでも笑わせようと試みる方法論としてのユーモアとは異なって、その場を臨床的に観察することを要請すると先に述べたのはこのような理由からである[11]。

おわりに

以上、本章では、まず笑い・ユーモアを学校現場に役立てる諸実践として、健康増進、学級運営、個人の資質・能力向上のためという三つの目的に資する方法論という枠組みで整理した。次に、若手教育学者の青砥と矢島が提起する「資質・能力」としてのユーモアと、笑いとユーモアの区別について紹介・検討した。そしてこの資質・能力論とは異なる自己を相対化する「態度」としてのユーモアについて河盛・フロイトの議論をもとに提示した。最後に、このユーモアの態度論が教師と子どもの「いま・ここ」の関係を臨床的に見ることを要請する点について触れた。

以下第I部第二章では、繰り返しになるが、本章で述べた学校教育の話に留まらず、(近代)教育学というより大きな枠組みにおいてユーモア的な「態度論」の位置について論じる。つづく第II部では具体的に現在の子ども問題と切り結ぶ形で、ユーモア的態度のもつ可能性について実際の教師と子どものやりとりを通じて考察される。そして第III部では、教師の仕事としてユーモア的態度の意義とは何かについて、二人の教師の態度変容を例として考える。第I部が入門・原理編としての教育論、第II部と第III部が応用編としてそれぞれ子ども論・教師論にあたる。第二章は本章よりいっそう抽象度が高いので、先に応用編としての第II部を読まれてから第二章に戻られると読みやすいかもしれない。

注

1　ただし、心理学者のマーティン（二〇一一）が述べるように、笑いが健康に好影響を与えると言ってもその多くは仮説に留まっていることには注意されたい。例えば、健康への影響と一言で言っても、笑うという行動それ自体が引き起こしているのか、あるいは笑いが起こるときのポジティブな感情が原因で、笑うということは必ずしも必要ないのか。また、短期的に効果があったとしても長期の場合はどうか、学齢期の子どもの成長によって違いは出てこないかなど、少なくない問いが残っている。「笑いが身体に良いものだ」と研究者に言われると専門外からは批判しにくい言説である。しかし以下の節とも関係するが、「良い」ものをそのまま鵜呑みにしていいか、一度立ち止まって検討する必要がある。

2　教育社会学者の須藤康介がいみじくも指摘しているように、学級崩壊の問題は「なぜ起こるのか」と考えるよりも「なぜ（近年になるまで）起こらなかったのか（目立たなかったのか）」、つまり戦前から戦後の長らく四〇人近い子どもを教師がひとりで統制できてきたことの不思議さを問うほうが自然である（須藤、二〇一五）。

3　「実践的指導力」とは、中央教育審議会（二〇〇六）によれば「教育者としての使命感、人間の成長・発達についての深い理解、幼児・児童・生徒に対する教育的愛情、教科等に関する専門的知識、広く豊かな教養」を基盤としたものと解される。

4　「コミュニケーション力」とは、中央教育審議会（二〇〇五）によれば、優れた教員の条件に必要とされる三つの要素のうち「総合的な人間力」に含まれる人格的資質の一つである。

5　ほかにも青砥（二〇一二）が丁寧に掘り起こしているように、国語科教育の伝統の中に大村はま、井上敏夫、足立悦夫、西郷竹彦、丹藤博文といったユーモアに光を当てた貴重な優れた仕事がある。ただし本書では、特定の教科や教科教授法にもとづいた議論は展開しない。

6　例えば、森（二〇〇三）は、笑いを身体活動と定義した上で、（一）感覚・感情・知性の三つの次元と、（二）満足の笑い、カオス的な笑いという二つの系統を交差させ、「愉快な笑い」を次のように整理した。

系統／次元	満足の笑い	カオス的笑い
感覚	感覚的満足の笑い	イリンクス的笑い
感情	感情的満足の笑い	苦笑
知性	知的満足の笑い	ユーモラスな笑い

我々の議論もこの類型を一部採用している。

7　矢島（二〇一一a）はユーモア・センスの働きについて、次のように整理している。

ユーモアの発見……発見力（何がおかしいのかわかる）
笑いの認知　　……表現力（笑うことで認知を知らせる）
　　　　　　　……判断力（ＴＰＯに応じて自制する）
他者への伝達　……構成力（話の構成を練る）
　　　　　　　……表現力（何がおかしいのかを伝える）
　　　　　　　……判断力（ＴＰＯに応じて、話し方や言葉遣いなどを変える）

8　例えば、團（二〇一三）は教師にとって指導すべきことと見守るべきこととの境界に位置し、生徒にとって友人同士であることと笑われる者になることの境界となるような「からかい」（今日的な言葉でいう「いじり」）の過程をエスノメソドロジー・会話分析の手法を用いてその一端を明らかにしてくれている。もちろん青砥（二〇〇八）と矢島（二〇一三）も、それぞれの仕方で教室空間・学習場面における望ましくない笑い（ユーモア）について例示をまじえて柔軟に論じているが、現場のローカルな文脈に即して教師の判断や受け止め方、子どもの様子といったものから生成的に論を組み立てることは志向していない。

9 鳶野（一九九一）は教育人間学を背景に、ユーモアを「教育行為における教育者の手持ちの一技術としてではなく、我々が自己の生の総体について統一的な理解に基づいてとりうる根本的で包括的な自覚的態度の一つ」として捉えることで、我々の態度論にとってきわめて近しい問題関心のもとで議論を組み立てている。「自覚的態度」という言葉に端的に表れているように、鳶野のユーモア観においてユーモアと自己を意識することとは不可分である。例えば、イギリス喜劇で登場人物が、ままならない自身の振る舞いの滑稽さが自己の気質（体液としてのユーモア）から来ていることを自覚しつつ、滑稽に振る舞う自己の限界を意識している事態がそれである。ユーモアとして現れる登場人物の性格の「二重性」について鳶野は、「自己の内に自己に対立し、自己を否定するものを抱えもつことによって、自己を絶えず対象化する働き」として、人間の「自己意識の本質」に深く関わると言う。ここで言うユーモアには、極度の「楽観主義」でも極度の「悲観主義」でもない、それらの主義にこだわり強張っている自己を解放する力がある。

10 例えば、ポール・E・マッギー（一九九九）は『子どものユーモア――その起源と発達』のなかで、子どもの思考の発達に沿ってユーモアの質が転換していく様子を描いている。チョークを口紅のようにして遊ぶ二歳児から、犬を「猫」、大人を「赤ちゃん」と名づけて楽しむ段階、それから「ワンワンと鳴く猫の絵」を描いて面白がる段階を経て、「へびとこぶたが合体して空を飛んでいったよ。合体して何になったかな？」と言語のみの世界で不調和（ファンタジー）をつくり出す七歳児ごろまでの歩みを記述することで、ユーモアも思考と同様に具体から抽象へ進むことを明らかにした。しかし、この発達はいわゆる「定型発達」のそれであって、昨今では自閉症スペクトラム障害児（者）のユーモア認知に実験心理学的な手法でアプローチする研究も出てきている（永瀬・田中、二〇一二）。

11 「臨床」という言葉は本章以降に直接用いられることはないが、この言葉とともに一九九〇年前後から出てきた教育学の在り方の見直しと本書全体の問題関心は通底している。もともとの「病床」に臨むことという意味から、困難を抱える子ども・若者や悩める教師に向きう合うことを本旨として、例えば、田中孝彦の「子ども理解のカンファレンス」や皇紀夫のように問題の「見立て」を異化していく試みが「臨床教育学」の名のもとに進められてきた（小林・皇・田中、二〇〇二）。ユーモアの観点から教育実践の記述を「テキスト」として読み解く平野の試み（第Ⅰ部第二章や第Ⅲ部第三章）は後者に、生活綴方とも縁の深いフレネ教育から出発している枝廣の子ども理解（第Ⅱ部第二章）には前者と共通する点が多い。ただし他方で「教育臨床社会学」を唱える酒井（二〇一四）が鋭く提起しているように、臨床的な問題に社会的なコンテクストを与えること（問題が社会的にミクロ・マクロに構築される側面に留意すること）は重要で、本章や第Ⅱ部第一章でその一端が果たせているかは読者の判断に任せるほかない。

参考文献

青砥弘幸（二〇〇七）「『教室ユーモア』研究の枠組みに関する考察」『広島大学大学院教育学研究科紀要』第五六号、一一九－一二八頁。

青砥弘幸（二〇〇八）「『教室ユーモア』の危険性に関する一考察」『教育学研究ジャーナル』一－九頁。

青砥弘幸（二〇〇九）「学校教育における『ユーモア性』の教育に関する一考察――『ユーモア能力』という概念の提案」『笑い学研究』一六、五九－六七頁。

青砥弘幸（二〇一一）「ユーモア的構造テクストの国語科教材としての可能性」『国語科教育』第七〇集、一二一－一九頁。

有田和正（一九九三）『「ユーモア教育」で子どもを変えよう』明治図書。

有田和正（二〇〇三）『いま、必要なユーモア教育の技術』明治図書。

井上宏（二〇一〇）「日本笑い学会と『笑い学』研究」『国文学――解釈と鑑賞』五月号、至誠堂。

大村はま（二〇〇二）『大村はま　国語教室の実際』渓水社。

上條晴夫編（二〇〇一）『お笑いに学ぶ教育技術――教室をなごませるアイデア集』学事出版。

上條晴夫編（二〇〇三）『教室がなごむお笑いのネタ&コツ一〇一』学事出版。

上條晴夫（二〇〇五）『お笑いの世界に学ぶ教師の話術』たんぽぽ出版。

上條晴夫（二〇〇八）『叱る技術　騒がしい教室を変える四〇の方法』学陽書房。

河盛好蔵（一九六九）『エスプリとユーモア』岩波書店。

小林剛彦・皇紀夫・田中孝彦（二〇〇二）『臨床教育学序説』柏書房。

酒井朗（二〇一四）『臨床教育社会学の可能性』勁草書房。

杉村依香（一九九九）「ユーモア・スピーチ『〇〇に似ている』」『授業づくりネットワーク』平成十一年十二月号、学事出版。

須藤康介（二〇一五）「学級崩壊の社会学――ミクロ要因とマクロ要因の実証的検討」『明星大学研究紀要』第五号、四七－五九頁。

團康晃（二〇一三）「指導と結びつきうる『からかい』――『いじり』の相互行為分析」『ソシオロジ』社会学研究会。

中央教育審議会（二〇〇五）「新しい時代の義務教育を創造する」。

中央教育審議会（二〇〇六）「今後の教員養成・免許制度の在り方について」。

築山崇（二〇〇七）「学級崩壊」『やわらかアカデミズム・〈わかる〉シリーズ　よくわかる授業論』ミネルヴァ書房。

堂本真実子（二〇〇二）『学級集団の笑いに関する民族誌的研究』風間書房。

蔦野克己（一九九一）「自己のフットワーク――ユーモアの人間形成論にむけて」『光華女子大学紀要』二九、六一―八一頁。

永瀬開・田中真理（二〇一二）「ある自閉症スペクトラム障害者におけるユーモア表出の特徴：ユーモア表出時の他者理解の様子から」『東北大学大学院教育学研究科教育ネットワークセンター年報』第一三号、五一―六〇頁。

中村健一（二〇〇九）『子どもも先生も思いっきり笑える 七三のネタ大放出！』黎明書房。

中村健一編（二〇一〇）『思いっきり笑える 爆笑クラスの作り方一二ヶ月』黎明書房。

中村健一（二〇一二）『教室に笑顔があふれる中村健一の安心感のある学級づくり』黎明書房。

中村健一（二〇一三）『中村健一――エピソードで語る教師力の極意』明治図書。

中村健一編「THE 教師力」編集委員会著（二〇一四）『THE ユーモア力』明治図書。

昇幹夫（二〇一〇）「笑いと健康」『国文学――解釈と鑑賞』五月号、至誠堂。

フロイト、ジークムント著／石田雄一訳（二〇一〇）「フモール」『否定・制止、症状、不安・素人分析の問題――一九二五―二八年』岩波書店。

マッギー、ポール・E著／石川直弘訳（一九九九）『子どものユーモア――その発達と起源』誠信書房。

マーティン、R・A著／野村亮太・雨宮俊彦・丸野俊一監訳（二〇一一）『ユーモア心理学ハンドブック』北大路書房。

矢島伸男（二〇一一a）「〝ユーモア教師教育〟の実践を目指して――〝笑われ力〟という概念を中心に」『笑い学研究』一八、四一―四九頁。

矢島伸男（二〇一一b）「『笑い』の教育的意義――『ユーモア・センス』の概念を中心に」『創価大学大学院紀要』三四、一九九―二二二頁。

矢島伸男（二〇一三）「学校教育における望ましい笑いとは何か――笑いの両義性を中心に」『笑い学研究』二〇、八三–九五頁。

第二章　ユーモアという教育的態度

平野拓朗

はじめに

第二章では、ユーモアと教育の関係について論じる。それは、教育的関係の一つの可能性として、ユーモアという教育的態度を提示することである。とりわけ、一九八〇年代以降の学校教育における教師、子どものシニシズム的態度に抗するものとしての、である。(注1) ここでユーモアとは、笑いと密接な関係をもちつつも、しかし、笑いとは異なるある種の（精神的）態度である。それは、鳶野（一九九二）の言うように、「自己を絶えず対象化し、相対化する態度」（七二頁）である。

これまで、ユーモアと教育に関する先行研究は、近代教育学の内含する問題を指摘し、その脱出口としてユーモアを位置づける論考を提示してきた（亀山、一九八四：鳶野、一九八七：鳶野、一九九一：鳶野、一九九四：矢野、一九九四：矢野、一九九六）。例えば、矢野（一九九四）は、近代教育学のメッセージである「汝、自律すべし」は、教える―学ぶ関係下の権威―従順関係が与えるメタ・メッセージである「私の指導に従え」と相互に矛盾した「教育的二律背反」として捉えられること、また、そのメッセージは、メタ・メッセージに言及する自己言及的陳述であるため、この矛盾を含んだ自己言及的陳述が悪循環を作り上げ、パラドクスを生じさせることを指摘している。

鳶野（一九九四）は、近代教育学、とりわけ啓蒙主義の要請する「人間性の理念」に疑義を投げかけ、それを首尾一貫性の陥穽として考察する。「人間性の理念」は、自己が自律的主体として生きることの意味の全体を首尾一貫した形で語りきることを可能とする普遍的な人間性の視点を提供するのであるが、我々の跛行や蛇行に満ちた生の歩みを、結局はより高次の「統合的結合」を通じて、エピソードの大義に殉じさせるのである。

これらの問題を踏まえて、矢野（一九九六）は、メッセージとメタ・メッセージの複数のコンテクストを横断する、世界を二重に受け取る〈トランス・コンテクスチュアル〉な人間をユーモアリストとし、これまでそれぞれ孤立していたパターンの間に新たな関係、メタ・パターンを創造するユーモアによる回心にパラドクスからの跳躍を示唆する。(2) そして、鳶野（一九九一：一九九四）は、いかなる拠り所をも決して絶対化しないという、人間的な生における自己の不断のフットワークとして、「拠り所のなさという拠り所」を提案する。それは、「自己相対化」を深化させることを通して、固定的に特権的な絶対性をめぐる自己の生のあらゆるこわばりを相対化し（relative）、常に新たに自己の生の意味と価値を生成させていくユーモアを指していると言えるのである。

以上のように、ユーモア（＝態度）と教育の関係を論じる研究は、近代教育学における啓蒙主義の陥穽を指摘し、その境界に立ち得る態度としてのユーモアの理論的輪郭を明らかにしてきた。しかし、教育が営まれる具体的な諸条件において、ユーモアがどのように現れるのか、あるいは、ユーモアという教育的態度がいかに困難なものであるのかについては中心的に論じられていない。それは、むしろユーモアと近接する笑いに注目し、笑いと教育の関係を論じた先行研究において進められていると言えるだろう（堂本、二〇〇二：青砥、二〇〇八：矢島、二〇一一：矢島、二〇一三）。

青砥（二〇〇八）は、教室において、子どもにユーモアを育ませるという課題に取り組み、そのなかで、ユーモアを個人の才能や人格の特性に還元するのではなく、能力（感覚）として捉えること、言わば、教育可能なものとして位置づけることを試みる。また、矢島（二〇一一）は、ユーモアと笑いを媒介するものとして、ユーモア・センスを提示し、それを人間が笑い・ユーモアの効果を享受するための資質・能力とする。このユーモア・センスも青砥と同様に、学校、教室という限られた場所、時間の諸条件のなかでいかにユーモア（センス）を身につけ（させ）ることが可能かを問うた研究である。このような研究は、ユーモアと教育の関係について、それを態度として捉えるのみならず、その態度がどのような諸条件下において、どのような笑いとして現出するのか、という問いをもたらすと言える。

しかし、矢島（二〇一三）の主張する学校教育における「望ましい笑い」と「望ましくない笑い」の区分に見られるように、あまりにも具体的な諸条件に埋め込まれてしまい、「望ましい」、「望ましくない」を規定している近代教育学の陥穽や学校的秩序、価値の問題を看過する危険性も含んでいるのである。この点に関して、堂本（二〇〇二）は、小学校の教室における笑いを、民族誌的アプローチにおいて分析し、それを教室の秩序との関係から五段階に整理し、子どもの笑いが教室の秩序や学校的秩序、価値にまで揺さぶりをかけ得るものであることを示している。この研究が重要であるのは、

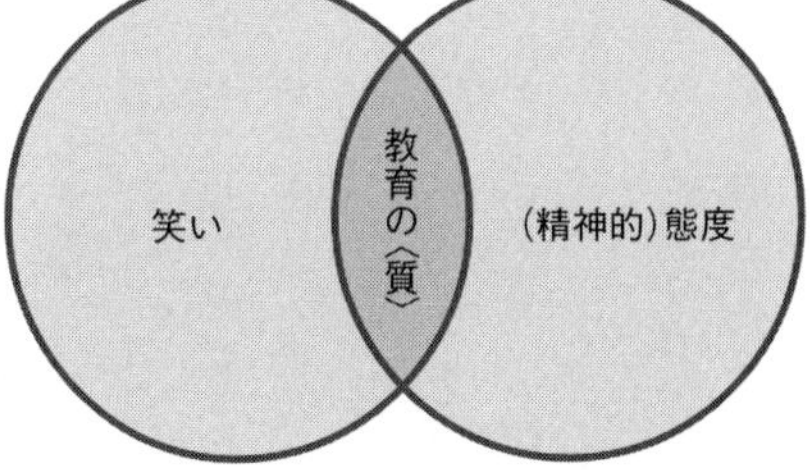

図1　笑い×態度に現出する教育の〈質〉

学校的秩序、価値との関連から具体的な諸条件下における笑いを抽出することで、子どもたちが学校の規範に合わせようとする自己とそれに抵抗しようとする自己との間で葛藤しつつやりくりしているユーモラスな態度の表出を描いているからである。しかし、この研究においても、笑いという突発的な行為を取り上げているため、学校的秩序、価値の境界を見据えつつ、そこに居続ける教育的態度に関しては不明確なままにならざるを得ないと言える。近代教育学における啓蒙主義の陥穽から一時的に解放され得る笑いという行為をもってしても、我々は、やはりその内部に居続けようとする倒錯した態度を採用してしまう危険性を見過ごすのである。

以上から、ユーモアと教育に関する態度論の先行研究においては、それが、具体的な諸条件下におけるユーモアの難しさを忘れがちであること、また、笑い論の先行研究からは、具体的諸条件に飲み込まれ、近代教育学の抱える問題を軽視する結果になっていることを指摘することができる。これらの点を踏まえ、本章では、教室という具体的諸条件下において、何故、どのように倒錯的態度が採用されるのか、そして、倒錯的態度からの脱出はいかに可能であるのか、を問題にすることとする。そのため、第二章において論じられるのは、笑いという行為の分析でも、ユーモアという〈精神的〉態度の哲学的意義でもない。そうではなく、近代教育学の問題を孕む教育的関係において、それに応じようとする志向性としての〈精神的〉態度とその表出行為としての笑いが交わる領域に現出する教育の〈質〉である。ここで〈質〉とは、未だ〝意味〟や〝物語〟として成立していないパラドキシカルな事態における経験のことであり、状況を共有したその場の人々によって感受される（あるときは不快感として、あるときは解放感として感じるような）雰囲気のことを示している。(3) そして、この笑い×態度に現出する教育の〈質〉こそが、倒錯的態度を採用し、近代教育学の問題を隠蔽するのか、あるいは、倒錯的態度を解体し、その境界に向かうのか、その第一歩を予見させるのである。

例えば、哲学者のソクラテスが無実の罪で処刑される日、弟子たちは、笑いが止まらなかった。この状況下に漂う不思議なある種「教育的な」雰囲気は、笑いという行為の分析においても、また、ソクラテスの高貴な〈精神的〉態度の考察からも接近できないであろう。なぜなら、弟子たちは同時に泣きもしていたのだし、ソクラテスの〈精神的〉態度は、事後的に後世の人々に構成された物語でしか有り得ないからである。しかし、この地点において、近代教育学のパラドクスに直面した主体が、それをどのような態度（＝志向性）と笑い（＝行為）において応えようとするのかが汲み取れるのである。つまり、笑い×態度に漂う教育の〈質〉に目を向けることで、具体的諸条件下において、何故、どのように倒錯的態度が採用されるのかを問い、そして、そこからの脱出がいかに可能かを考察し得るということである。

以下、第一節では、まず近代教育学における啓蒙主義のパラドクスが、学校教育において、教師、及び生徒たちのある倒錯的態度によって隠蔽されることを指摘する。その倒錯的態度とは、一言で言うならば、〈正しいことは良いことだ〉というメッセージであり、まさに、学校教育の陥穽である。第二章全体を通して、それを学校的観点と呼ぶこととする。次に、第二節では、このような学校的観点を相対化し得る笑い×〈精神的〉態度について考察する。第三節では、しかし相対化もまたその〈質〉を問わなければ、学校的観点を覆すどころか、アイロニズムやシニシズム的態度においてむしろそれを補完する事態を招くことを考察する。そして、最後に、第四節において、学校的観点を変更し得る教育の〈質〉として、相対化しつつも自他関係を肯定するユーモアという教育的態度を提示し、それが笑い×〈精神的〉態度としての〈可笑しみ〉に見出されることを主張する。

第一節　学校教育の陥穽　あるいは〈正しいことは良いことだ〉という問題

学校教育に内在する啓蒙主義のパラドクスの多くは、教育における〈正しいこと〉の伝達不可能性に起因する。一般的に、教育という営みは、〈正しいこと〉の伝達として捉えられている。しかし、仮に〈正しいこと〉の伝達が成立するのならば、それは教育ではない。自律も他律も促していないからである。この「メノンのパラドクス」式の問いに応じるためには、自他関係〈コミュニケーション〉における伝達可能性と不可能性の二重拘束〈伝達可能であれば教育ではない、伝達不可能では教育にならない〉に対応し得る教育的態度が求められる。しかし、学校教育においては、往々にして、ある倒錯的態度が採用されることで、このパラドクスそのものが隠蔽されるのである。

このことは、私が関西にある北中学校（学校名人物名は全て仮名）でフィールドワークをしていたときの出来事にも見て取ることができる。この中学校で、私は、筋ジストロフィーの病気をもつ三木くんのサポーターとして、三年C組に参加していた。彼は、電動の車イスで学校生活を過ごしており、教室移動、お手洗い、給食のときなどは、それをサポートする人が必要になるからである。私が行くことができないときは、同じ班の生徒がサポート役を担うことになる。始めのうちは、何の文句も言わずにこなしていた彼らだが、しばらくしてあることが問題になってきた。それは、三木くんが「声を出さない」ということである。確かに、サポートしている私としても、何も言ってくれないことにかなりストレスを感じていた。眉間に皺を寄せて不満そうな顔をしているので、「何か悪いことした？」と聞いても、何も返事はないといった具合である。サポートする側としては、これしていいのか、ダメなのか（またあんな表情されるのかぁ）と不安になるのである。毎回このような気持ちに駆られる生徒たちの気持ちは想像するに難くない。

実はこのことは、二年生のときにも生じていた問題であった。そのため、三年に上がった四月の時点で担任の沢木先生（体育科）と三木くんは、これからはサポートしてもらったら声を出してお礼を言うことを約束し、他生徒にもそのことは伝えられていたのである。この約束は、三木くん自身にも納得できるものであった。彼は、ずっとみんなの輪に入ることを望んでおり、「声を出さない」限りはそうならないことを痛感していたからである。しかし、一学期が終わり、二学期になっても一向に三木くんは声を出さない。周りのストレスもいよいよ溜まってくる。そして、ついに同じ班の小林くんが「三木が声を出すまでサポートしない」という提案を出し、周囲もそれを了承するということが起こったのである。以下は、同じ学年の梶原先生（数学科）が、そのとき私にくれたメールである（二〇〇八年六月二十七日）。

今、三木くんのことで、少し動きが出ています。これは、子どもたちの中から出てきたものなのですが、私から見ると、沢木先生の方針が子どもたちに自然と伝わっていった感じです。平野さんも気が付いているかもしれませんが、手っ取り早く言うと、「三木くんが言うまでしない」ということのようです。どういういきさつでこうなったのかは、まったくわかりませんが、小林くんが、三木くんに言ったようです。金曜日も数学の授業があったのですが、三木くんの机の上には、前時の理科の教科書が……テスト返しだったのですが、誰も三木くんの数学の準備を手伝おうとしません。三木くんは車イスを動かして机の中の物を出そうとしますが、車イスも狭くて動きません。もう、泣きそうな顔をして私を見ています。小林くんの話しを聞いていたので、私も迷いましたが、ついに、私が理科をなおして、数学を出しました。

このときの三木くんの心情を察し、居たたまれない想いを抱えつつ、私はどういう意図でこの提案をしたのか、小林くんに聞いてみた。すると意外にも彼の返答は次のようなものであった。それは、「嫌やから手伝わないんじゃなくて、（三木の将来のために）そうせなあかんと思ったから……」というものである。彼の返答に釈然としないものを感じながらも、しかし、それは、ある真理を突いているようにも思えた。中学校を卒業し、このまま終ぞ「声を出さない」で三木くんはどのように生きて

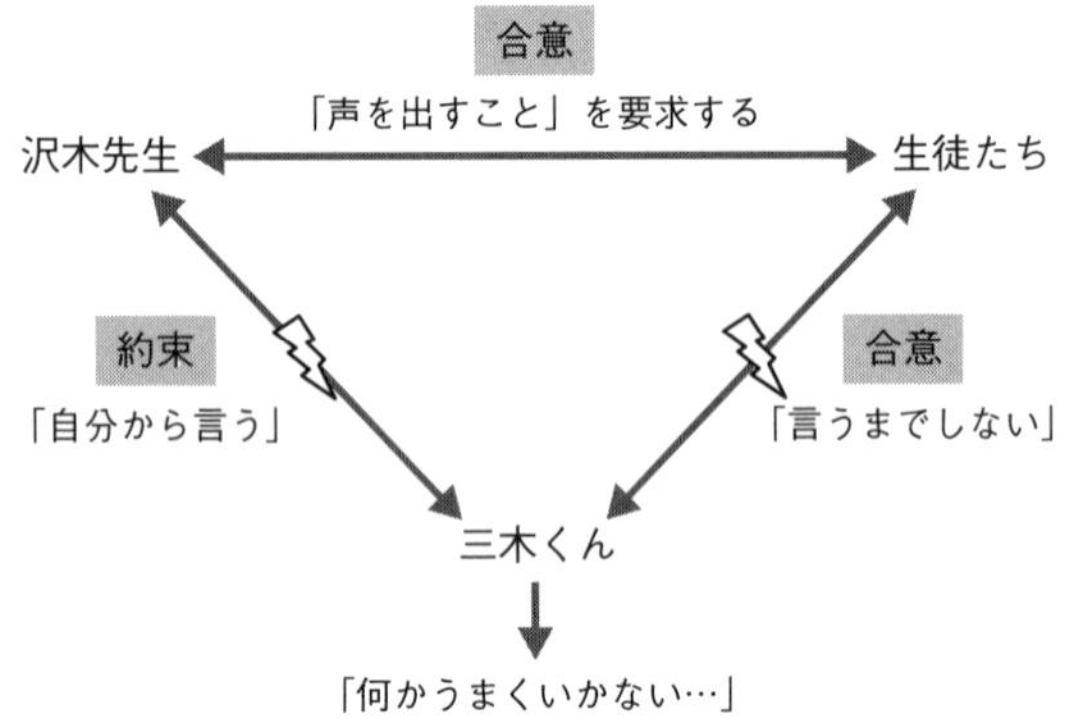

図2　北中学校三年C組の関係

いくというのか、手伝ってくれる人も出てくるかもしれないが、また今のような状況に陥る可能性は高いだろう（それは私としても同意する）、僕たちはそうならないために、彼に「声を出す」ように練習させようとしているんだ、ということである。

この当時の三年C組の関係を図示すると図2のように描くことができる。まず、沢木先生と生徒たちは、三木くんに「声を出すこと」を求めることで合意している。それは、三木くんが沢木先生に「自分から言う」と約束したにもかかわらず守られていないことに原因がある。そして、現在、生徒たちと三木くんの間で「言うまでしない」という関係が形成されている。この頃、トイレのとき、私は三木くんに「今の（C組の）感じどう?」と訊いてみた。すると、いつものように長い沈黙があり、そしてぼそっと小さな声で、彼は次のように答えたのである。「何か、うまくいかない……」と。無論、この言葉の真意を正確に言い当てることはできない。しかし、彼の「うまくいかない」には二重の意味が込められているように思える。一つは、文字通り「うまく声が出せない」ということである。しかしそれだけではなく、もう一つ、声を出すことでみんなと仲良くなれると思っていたのに、そういう方向には向かっていない（彼の思いとは無関係に形式的に声を出すことだけが求められている）という意味での「うまくいかない」も含まれているように感じるのである。

沢木先生、生徒たちと三木くんとが食い違うこの事態は、一言すると次のように表現することができる。それは、声を出すことは正しいことだが、（三木くんにとっては）良いことではないということである。ここで注意すべきは、正しいことと良いことが違うにもかかわらず、教室の具体的諸条件下において両者が同一視されていることである。正しいことと良いことは、前者が特定の共同体内において〈常に―既に〉合意されている価値基準であるのに対して、後者は私とあなたとのかかわりにおいて〈いま―ここ〉で形成される価値基準である。[4] にもかかわらず、人は指導的立場に立ったとき、あるいは〈正しいこと〉を伝達しようとするとき、それが〈正しいこと〉であるが故に（あなたにとっても）〈良いことだ〉という倒錯した態度を採用してしまうということである。なぜなら、三木くんのように〈正しいこと〉が伝達不可能な他者との接触は、教育の伝達可能性と不可能性の二重拘束を露見させるが故に、学校教育の破綻を予感させるからである。そして、そのような危機から脱するためには、それが〈正しいこと〉だから〈良いこと〉なんだという倒錯した態度を取ることによって、教育におけるパラドキシカルな事態から目を背ける外ないように思えるからである。言い換えると、学校的観点とは、〈正しいことは良いことだ〉という倒錯した態度を採用することによって、学校教育を覆し得る教育のパラドキシカルな事態を隠蔽する立場である。しかし、それは、学校的観点を担う教師としては、必然的な立場であるかもしれない。なぜなら、〈正しいこと〉の伝達不可能性に接したとき、それを可能にするためには〈正しいこと〉であるが故に（あなたにも）〈良いこと〉なんだと先取り的に提示する以外は教師としてそこに居続けることはできないからである。例えば、この事例以後も三木くんに「声を出すこと」を求め続けた沢木先生の教育的（啓蒙主義的）姿勢を主義主張によって批判することはできないし、またすべきでもない。他の生徒の手前、三木くんとの約束を今さら反古にすることは、三木くんに対する教育放棄として捉えられたり、教育方針の一貫性のなさから、他生徒の教育不信を招く恐れも十分考えられたからである。

しかし、この〈正しいことは良いことだ〉とする学校的観点は、端的に次の二つの問題を内含していると言える。一つは、それが自他関係を否定しているということである。〈正しいこと〉の伝達とは、あなたじゃなくても同じことを私は伝えるからね、というメタ・メッセージを常に含んでいる。言い換えると、それは「あなたじゃなくてもいいんだよ」という自他の実存を否定するメッセージを暗に含んでいるということである。長年養護教諭を勤めてきた古角好美の話（第Ⅲ部第二章を参照）では、つまらない校長先生の講話では、貧血者が乱発すると言う。このことは、実存を否定された生徒たちの正当な応答として読み取られる事例であろう。

もう一つは、それを伝えるときの立ち位置として、あくまでそう言い張れる私の絶対的な（ゆるがない）ポジショニングである。これは、学校教育において、逃れ難い立ち位置であろうか。確かに、教えること、伝えること、諭すことは、たとえそこに正当性を見出し得ないにしてもまずは絶対的なポジションに立つ（何かを信じている体を成す）ところからしか始まらないであろう。しかし、そのことは、相対化する方向が完全に失われてしまうことを意味しない。つまり、一度絶対化されたポジションを相対化するということがあり得るということである。現に沢木先生は、三木くんに対して「お前ホンマ声出さへんな〜、もうええわ〜」と息を抜いたり、あるいは「お前の頑固さには負けたわ〜」とくだけてみることは可能だったからである。

私が見聞したある新聞記事によると、いじめを受けて悩んでいる子が、あるとき、担任の先生に「お前も大変やな」と肩をたたかれたことで、救われた気持ちになったということであった。ここでは明確に絶対的なポジションが相対化されていると言える。なぜなら、いじめを解決する方途を見出すのでも苦心するのでもなく、それどころか、教師としての役割を解体して、まるで旧知の仲のように沁沁と共有しているからである。にもかかわらず、このエピソードには、読者を開放する〈可笑しみ〉がある。恐らくそれは、このエピソードが〈正しいことは良いことだ〉という倒錯的な態度には嵌らない方途を示してくれているからである。つまり、〈正しいけれども良くないこと〉や〈正しくなくても良いこと〉を受け入れる態度の可能性を示唆しているからである。

ここで、次のポーランド人とユダヤ人の小咄が思い出される。そこには、先のエピソードと同様に学校的観点には回収されない教育的態度を読み取ることができるであろう。

ポーランド人はユダヤ人に金持ちになる秘訣を聞き出そうとする。ユダヤ人は、もったいつけて、しかしいくらかの金を出せば教えないでもないと言い、ポーランド人はいくらかを支払う。ユダヤ人はうだうだ中身のないことを語り出しては途中で話を打ち切り、これ以上聞きたいなら更に払えと促す。ポーランド人はまた金を払い、ユダヤ人はうだうだ話して打ち切り、更に払えと……というのを繰り返す。とうとうポーランド人は怒り出し、「お前の魂胆が分かった、うだうだ中身のない話をしてオレから金を騙し取ろうというのだろう」とユダヤ人を責め始める。すると、ユダヤ人は頷いてこう言う。「やれやれ、やっと分かったね、金持ちになる秘訣がどんなものか」と。

この小咄が重要であるのは、二人の関係において、教育が成り立っているということである。ここでは、ユダヤ人の絶対的なポジションからの態度変更が生じている。まず、ユダヤ人はポーランド人に対して、〈正しいこと〉(=お金儲けの秘訣)が伝達不可能であることを自覚している(伝達可能であれば、彼はお金儲けの秘訣を理解しているということであり、既にお金持ちであるはずだから)。にもかかわらず、それを伝えようとする。伝達可能であれば教育ではなく、伝達不可能であれば教育にはならない事態に向き合うということである。そしてこの点において、自他関係が肯定されているのである(伝達不可能性を自覚した上で、なおも伝えようとする態度において)。次に、この二人の〈あまり仲良くなさそうな〉やりとりを通して、〈正しいこと—正しくないこと〉の伝達ではなく、〈良いこと—良くないこと〉が形成されつつある。そして最後に、〈正しいけれども(ポーランド人にとっては)良くないこと〉が受け入れられる素地が準備されたわけである(確かに、お金儲けの秘訣は伝わったが、ユダヤ人とポーランド人の仲は最悪であろう)。つまり、絶対的なポジションから相対的なそれへと態度の変更が起きているということである。このことは、新聞記事のエピソードと同様に、学校的観点を穿つ相対化の可能性を明示していると言える。

第二節　笑いにおける絶対化と相対化

〈正しいことは良いことだ〉に代表される学校的観点の問題は、あくまで絶対的なポジションに固執するか、それを相対化するポジションへと態度の変更を起こすかという絶対化と相対化の大小関係によって成立しているように思える。そして、先の新聞記事や小咄に浸透する〈可笑しみ〉を考慮するならば、両者の大小関係には笑いという行為が関係していることが分かる。しかし、それは必ずしも笑いが相対化の起動力となることを意味しない。逆に笑いが絶対化を強化することも往々にして想定されるからである。そうではなく、〈正しいことは良いことだ〉と言わざるを得ない事態に直面したとき、既にその人はパラドキシカルな二重拘束を被り、そのズレを感じずにはいないため、何らかの形で笑ってしまうということである。そして、笑いにはそもそも規律的機能と開放的機能の二つの機能が備わっており、その人の志向性を現す（精神的）態度との関連によって、何れかの機能に準拠する笑いが表出するということである。(5) つまり、規律的機能であれば（笑いが）、絶対化の方向を志向し、〈正しいこと〉と〈良いこと〉の相違を隠蔽するように働き、開放的機能であれば、相対化の方向を志向し、〈正しいこと〉と〈良いこと〉の交錯する事態へと目を向けるように作用するだろうということである。

ここで、学校教育における笑いに注目した研究のうち、前者のタイプの研究として、矢島（二〇一一：二〇一二）によって進められてきたものをあげることができる。矢島は、次のように言う。

「教育者の温かい人間的な善意」があればこそ、学校教育にとって笑いは望ましいものであり続けるだろう。しかし、その善意すら、教師の多忙な毎日によって忘れられてしまう場合がある。そのような時、大切なのは「敵をよく知る」ことである。疲れやストレスによって、笑いの両義性による望ましくない属性が顔を見せた時、どのような危険性が伴うかという、「笑いの危険予測シミュレーション」を行うことが、失敗を回避するための有益な方法だろう。（矢島、二〇一三、九三頁）

確かに、特定の人を傷つけるいじめ等につながる望ましくない笑いとそこにいるみんなが満足できる望ましい笑いがあることは経験則からも理解できることであり、また、望ましくない笑いの力を侮ることは危険である。しかし、この望ましい―望ましくないを規定している学校教育の準拠枠を無批判に採用することは、〈正しいことは良いことだ〉という学校的観点の問題を隠蔽することになると言えるであろう。そしてそれは同時に、〈正しくないけれども良い〉笑いのもつあの教育的可能性（「お前も大変やな」の一言）や〈正しいけれども良くない〉笑い（嗤い）の内含する指導的立場の不遜さ（「三木のために」）が洗浄されてしまうことを意味するのである。

一方、後者のタイプの研究は、堂本（二〇〇二）によって展開されている。彼女は、小学校の学級における笑いを民族誌的なアプローチによって記述、分析し、それを五つのレベルに分け、定義している。ここでレベル5に当たる笑いは、学校の秩序や教師の権威そのものを破壊し得るような笑いである。このレベルにおいて、子どもたちは、自分たちの私性を抑圧する、規範的で秩序的な学校、そして教師に対して明確な境界線を引き、それを笑いによって攻撃するのである。彼女は、このような事態における教師のポジショニングについて次のように言及する。

著者は、教師が子どもを笑わせればよいとそれだけを単純に主張しているわけではない。また、自分にはユーモアがないという教師を責めるつもりも毛頭ない。ただ、教師自身が学校が自明とする規範や価値から一歩距離を取り、それが子どもにどのような影響を与えているのかを感じ取る間と、子どもと共に実際的関心から離れて感情を共有する間が必要であることを主張したい。そして、その意味で笑いは、最も有効で重要な意味をもつ現象であるということなのである。

（堂本、二〇〇二、一六〇頁）

以上のことは、〈正しいことは良いことだ〉における絶対的なポジションを覆す笑いの可能性を指摘している。それは、そこから一歩距離を取ること、間を置くこと、つまり、相対化することである。しかし、すぐさま問われなければならないのは、あらゆる相対化が学校的観点の問題を穿つとは限らないということである。言い換えると、相対化しているにもかかわらず、〈正しいことは良いことだ〉という倒錯した姿勢を補完することがあるということである。それは、瀬沼（二〇一四）の警告する「若い世代の闇の笑い」に見られる事態である。一九八〇年代以降の子どもの変化は、これまで主に社会学、教育社会学の分野で指摘されてきたことではあるが、それは、彼らが基本的に学校教育の外に居るということである。つまり、学校的観点を相対化した立場に立っているということである。例えば、オレ様化する子どもたち（諏訪哲二）、島宇宙化現象（宮台真司）、キャラ化する／される子どもたち（土井隆義）、スクールカースト（鈴木翔）等である。これらは何れも、学校教育におけるシニシズム的状況と呼ぶことのできるものであろう。つまり、高度消費社会の進行と相まった新自由主義的な教育政策のなかで、もはや教師、子どもは、学校教育に絶対的なポジショニングがあることを信じることができない。学校は絶対的に良い場所である、教育は絶対的に価値あるものである、教師という職業は絶対的に信頼に足るものである、学級での関係は絶対的な（代え難い）仲間である……とは言い難いということである。にもかかわらず、教師、生徒であり続けるためには、シニカルなポジショニングが求められることとなる。それは、「そんなこと嘘だと分かっているけれど、敢えてそうしているのさ」（大澤、一九九八、二〇九頁）という態度である。瀬沼は、次のように言う。

若者たちは、あらゆることを「冗談の世界」とすることで、傷つかない予防線を張り巡らす。例えば、島宇宙内の仲間の誰かが、何かへまをしたり、一瞬にして、失言を「冗談の世界」へと葬ることができる。（中略）キャラという基本的には他者が与えてくれた「仮想的なわたし」になりきることで、あるいは、仲間をそう見立てることで、地雷を踏んでも、攻撃したのではなく、それは、「冗談として言ってるんだ」、しかも、「愛のある、笑いのためのツッコミ」なのだと相手に伝えることで傷つけることを回避すると同時に、キャラという鎧で自らを守る。

（瀬沼、二〇一四、五一頁）

もはや学級のなかにみんなで笑い合える領域など存在しない。それぞれの趣味・趣向に合わせた少数のグループ内でのみ通じる笑いで何とかやり過ごしていく外はない。そして、その関係が崩れてしまえば、自分たちを支えるものなど何もない。故に、たとえ関係を解体するような一撃を受けても「ウケるー」とかわす、面白くなくても「ワロタ」と笑う（笑わざるを得ない）ということである。彼（女）らは、学校的観点の外で笑っている。そもそも〈正しいこと〉の〈正しさ〉を信じていないため、〈正しいことは良いことだ〉を強要する必要はない訳である。つまり、それを相対化している。にもかかわらず、学校的観点を補完する。〈正しいこと〉と〈良いこと〉の食い違いを隠蔽し、回避するのである。私とあなたにとっての〈良いこと〉を追求しようとは決してしない。「それが面白くないのは知ってるさ、でも敢えて笑っているのさ」とシニカルに答えるのみである。

第三節　教室における四つの笑い×態度

第二節までのことをまとめると、〈正しいことは良いことだ〉に代表される学校的観点の問題を指摘する上で、次の二つの軸を指摘することができる。一つは、自他関係を肯定的に捉えるか、否定的に捉えるかという軸である。そしてもう一つは、それを捉えるときのポジショニングとして、絶対化するポジションと相対化するポジションである。二つの軸の交わりは、笑い×（精神的）態度の双方を含む教育の〈質〉を涌出する。それは、微笑や冷笑のような頤《おとがい》を落とさないような笑いや、言表行為と言表内容の不一致等の客観的な分析データには現れないような（精神的）態度を表すものである。笑いと（精神的）態度、この両者を含み、その何れにも還元できない領域に注目することで、笑いを

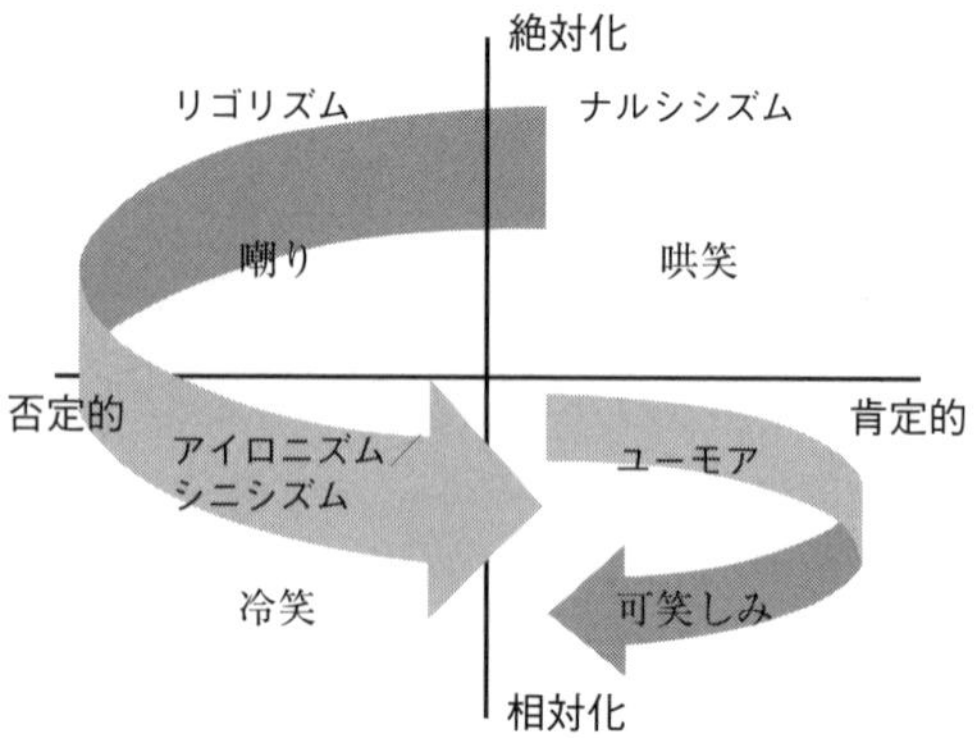

図３　教室における四つの笑い×態度

捉える際にも〈精神的〉態度を把握する際にも見逃されがちな〈質〉を汲み取ることができるであろう。それは、先の三木くんの一言が纏《まと》う〈違和感〉やあの新聞記事と小咄の醸し出す〈開放感〉といったものである。言い換えると、この領域は〈正しいけれども良くないこと〉や〈正しくなくても良いこと〉へ接近することを可能にさせるということである。

ここで自他関係（肯定的―否定的）を横軸に、立ち位置（絶対化―相対化）を縦軸とする、四つの笑い×態度（教育の〈質〉）を提示することができる（図３）。まず、肯定的な自他関係を絶対化するならば、そこでの精神的態度をナルシシズムと特徴づけることができる。これは、私の思いや私たちの情緒的な繋がりを最上のものとする態度であり、「本当の」とか「本質の」という透明性を希求するあり方である。日本の教育実践史の文脈で例えるなら、生活綴方的な態度と言えるだろう。ここでの笑い×態度は、同調的・共感的なものであり、〈哄笑〉と表現するのが相応しいようなものである。

例えば、教育学者の玉田勝郎（一九八七）は、国分一太郎の生活綴方実践について次のように説明している。

……ひとりの子どもの内部にわだかまるものを気にかけ、大事にし、それを引き出して解き放っていく、そういう営みなのだということを教えられました。だから、ここには〈詩情〉というものが底流しています。私はいま〈詩情〉と申しましたが、国分さんは、子どものことを語るさい、よく「育ちざかり、のびざかり」という言葉を使われました。私のいう詩情とか、哄笑とかいうものは、実は、その「のびざかり、育ちざかり」の子どもがもっている、ある種の威厳といいますか、けだかい美しさといいますか、そういうものの別名ではないか、とも思ったりするのです。

（玉田、一九八七、一〇六−一〇七頁）

このような関係から生じる〈哄笑〉は、森下（二〇〇三）も言うように、笑いの根源的要素としての集団凝集性に含まれるものである。そこでは、笑い仲間は気心の知れた身内として意識され、その外側の人は気心の通わないヨソ者として意識されるのである。

次に、否定的な自他関係を絶対化するとき、そこではリゴリズム（厳格主義）の態度が形成される。つまり、理性主義的になるということである。〈正しいこと〉を拠点に現在の自他を戒めるというような感じである。「このままではダメだ……もっとこうあらねば……」と。このような態度は、先ほどの生活綴方に対応させるならば、初期の全国生活指導研究協議会（全生研）による学級集団づくりのそれに当たると言える。ここでの笑いは、笑いの規律的な機能に基づき、ルールから外れた人間に制裁を加え、ルールを守らせるために機能すると考えられる。そして、この笑い×態度を一言で表現するならば、〈嘲り〉が当てはまるように思える。学級集団づくりを主導し、牽引した大西忠治のエピソードに次のようなものがあるが、ここでの生徒に対する大西の応答（大西自身の語り）には、笑い×態度としての〈嘲り〉が現れていると言うことができるだろう。

松田利一が女子をからかったり、たたいたりすることに対して、ホームルームで女子が抗議したところ、普段から松田の行為をおもしろがって見ている男子たちが松田に味方して、多数決で「女子が悪い」という結論を出してしまったのである。ホームルームでの討議の最中「コッケイな茶番劇でも見るようにゲラゲラ笑いながら」見ていた教師に対し、直後に職員室で女子たちが詰めより抗議した。（中略）「あんなムチャを先生は黙っているんですか？」と、まずヒステリックな声をあげたのは意外にも山田信子だった。「先生はいったやろ。不利益なことは黙っておるなといったやろ」つづいて元木が、これは無表情な声でいった。山田のほうが攻撃的であり、ファイトがあると私は思いながら、「そうだよ。それでー」と、わざととぼけてみせた。「多数決なんかー、ムチャと違うんな！」と山田はきりつけるようにせまってきた。「じゃ多数決以外にどうしてきめるの？」（中略）彼らはぐっとつまった。こんな混乱のもとは、実は、みんなが作ったということに気がつかないのか？　先生は、一番最初に班を作ったとき、男子女子別々の班には賛成できないが、みんながそれでいいと考えて作ったのだからそれに従うといったこと覚えているのか？　それは、こんなような男子と女子のつまらないイガミあいを防止するのは男女が混合の班をつくるほかに方法がないと知っていたからだ。これがもし男女混合の班ならば、松田利一がいる班を批判すればよい。(中略)男子に女子が多数決で負けるということは防止できたかもしれないのだ。

(西岡、二〇〇五、一一六―一一七頁)

確かに、以上のような語りは、IRE構造の教育的機能がそうであるように、子どもにここでは何が〈正しいこと〉で何が〈正しくないこと〉なのかを伝えるには効果的である[6]。しかし同時に、それは、前述の三年C組における小林くんのように〈正しいことは良いことだ〉という倒錯した姿勢を常に含んでいると言うことができる。無論、この点に関しては〈哄笑〉の場合も同様である。なぜなら、自他関係を肯定する(=〈良いことは正しいことだ〉)にせよ、否定する(=〈正しいことは良いことだ〉)にせよ、それを絶対化するポジショニングは、何らかの形でそこには含まれない他者を同化すべき、教育すべき対象として仮構するからである。

これらの問題を考慮するならば、次なる教育の可能性として、現にある自他関係を相対化する方向性が志向されることとなる。しかし、既述の通り、あらゆる相対化が教育の可能性を保障するとは限らないということをも同時に考察する必要があると言える。相対化しつつも、学校的観点を補完するように作用する笑い×態度があり得るということである。それは、相対的な立場に立ちつつも、否定的な自他関係を形成するというものである。ここでは、瀬沼の言う、乾いた笑い×態度が生じることが想像されるであろう。可笑しくもないのに笑っている……正しくないことを理解しつつも従っている……という具合である。それは、明確に学校的観点から距離を置いている。しかし、自他の次なる可能性を否定するのである。このような態度は、アイロニズム、あるいはシニシズムと呼ぶことができる。そして、その笑い×態度に現れるものは、〈冷笑〉と表現すべきものであると言える。

　文芸批評家の柄谷行人（一九九八）は、アイロニーについて、ユーモアとの対比で論じている。彼によれば、アイロニーとは「現実の苦痛、あるいは苦痛の中にある自己を——時には（三島由紀夫のように）死を賭しても——蔑視することによって、そうすることができる高次の自己を誇らしげに示すもの」（二二〇頁）である。それは、「メタレベルに立つことの可能性の誇示」（二二三頁）であり、「自己の無力さを優越性に変える転倒」（二二四頁）である。言わば、「俺はこんな情けない俺じゃなくって別の様でもあり得るんだぜ」と不遜に構えているのである。

　さらに、このメタレベルに立つこと自体が目的化されるとき、そこにシニシズムの態度が形成される。スローターダイク（一九九六）[7]によれば、シニシズムとは、嘘と迷妄とイデオロギーの次に位置する四つの虚偽意識の一つである。それが特殊であるのは、嘘と迷妄とイデオロギーの三つの虚偽意識に対しては啓蒙の戦略が通じるが、シニシズムについてはそれが通用しないからである。「この点がこうこうこう間違っているでしょ？　分かった？」が効果をもたないということである。なぜなら、シニシズムとは「そんなこと嘘だと分かっているけれども、敢えてそうしているんだよ」（大澤、一九九八、二〇九頁）という態度だからである。シニカルな主体は、イデオロギーの仮面と社会的現実との間の距離を認識している（＝相対化している）。にもかかわらず、仮面に執着するのである（＝自他を否定する）。社会学者の大澤真幸（一九九八）は、このシニシズムの形成過程について、彼の「経験可能領域」という概念を用いて次のように説明している。ここで「経験可能領域」とは「規範が、意味づけるべく準備している行為と体験の集合」(一三〇頁)として定義されている。言い換えると、その規範に従うことによって「こういう具合になる」と予想される行為と体験ということである。

……十分に包括的・普遍的な経験可能領域は、ただ、超越的エレメントを経験可能領域へと格下げしていくという所作によってのみ保証されるということになるはずです。つまり、超越的なエレメントをポジティヴに措定するのではなく、そうした超越性を内在性へと繰り込むことこそが、最も普遍的な経験可能領域を保証する、ということになるわけです。あるいは、もう少しデリケートに表現するとすれば、メタレベルをオブジェクトレベルへ繰り込むことこそが、最も完全なメタレベルだ、と言ってもよいかもしれません。(一六四頁)

もはや何かを絶対的に信頼することはできない、後に残るのは、「何も信頼していないよ」というスタンスを取り続けること、あるいは「何も信頼していない」というスタンスだけは絶対的に信頼すること、その点に誇りをもつということである。大澤の表現によれば、ここでは「完全に普遍的な経験可能領域は、どのような経験可能領域もせいぜい普遍性を偽装するものとして、拒否され続けること、そのことを通じて志向される」(一七二頁)と言える。このような作用によって、アイロニズム／シニシズムにおいては、学校的観点が相対化されているにもかかわらず、それが補完されるのである。

以上のようなアイロニズム／シニシズムの瀰漫《びまん》する最悪の事態として、一九八六年にいじめを苦に自死をした中野富士見中学校の鹿川裕史君の事件（「お葬式ごっこ」としてマスコミにも取り上げられた）をあげることができる。劇作家である別役実（二〇〇五）は、著書『ベケットと「いじめ」』のなかで、この事件の考察を通して、現代社会における人間関係が、ある特異性を抱えていることを指摘している。それは、近代演劇とは異なる不条理劇の対象であるような対人関係の基本像である。ここで注目されるのは、「お葬式ごっこ」における鹿川君の言葉である。登校して自分の机に葬式の祭壇が作られているのを見たとき、鹿川君が発した言葉は「何だ、これー」「オレが来たら、こんなの飾ってやんのー」というものであった。別役によると、この言葉は、近代劇に対応した台詞になっていない。近代劇であれば、ここでは「なぜこんなことをしたんだ」「だれがこんなことをしたんだ」という台詞が出てこなければならないからである。鹿川君の言葉は、個人としてこの状況において、それをすることができず、説明すべきでないことをなぞってみせたのだと言う。ここには、ドラマとしての近代的な個人はいない。個人ではなく、関係が主役となるような状況である。そこでは、自分が自己主張する「個」であることを止め、自身（あるいは自他）を関係の一部として客体化せざるを得ないような「孤」であることだけが求められることとなる。

……その中で攻撃であるとか、降伏であるとかいう具体的な自分自身の主張に基づいた行為は絶対できなくなっていく。そうすると、そこで何ができるかというと、関係の中での「弧」であることを確かめ、自分がどこにいるか、自分がどうその中で機能しているかということしか主張できな

い。それが自己主張の最大限です。つまり行為じゃなくて態度になる。態度がその中での最大限の主張になる。（七九頁）

このような事態においては、ナルシシズム的な〈良いことは正しいことだ〉という信念や、リゴリズム的な〈正しいことは良いことだ〉という理性のような絶対的なものへの信頼は微塵もない。自他関係を保証するそのような〈正しさ〉など何もないことを彼らは知っている、にもかかわらず、敢えてこの否定された自他関係に固執するのである。あるいは、自他関係を否定し続ける（＝相対化する）ことだけは肯定する（＝絶対化する）ということである。この時点における笑い×態度としての〈冷笑〉は、別役の次のような記述に表現されていると言える。

鹿川君もそのことをよく知っていた。生徒たちの反応は、「周囲にいる級友たちはニヤニヤしていた」とあります。ニヤニヤしていたというのは、状況に対して緊張してなかったということでしょう。いってみれば、ある了解事項があった。鹿川君が登場してくることによってその了解事項が成立するであろうということを期待していたのだろうという感じがする。ですからニヤニヤしていた。鹿川君が反応するであろうことに対して受け入れる態勢をととのえていたという感じがする。その受け入れ態勢の中に鹿川君はそのまま入りこんで、級友たち全員が了解している事項に自分自身も入りこんだよという形で状況をながめてみた。要するになぞってみせた。「オレが来たら、こんなの飾ってやんのー」という形で自分を客体化して、その関係の中に自分自身を植えこんでみせた。

これが真相でしょう。(七四―七五頁)

更に重要であるのは、複数の教師が、色紙にサインをする形で「お葬式ごっこ」に参加していることである。それは、この状況を体験していない人が一般的な良識から厳しく非難できるほど簡単なことではない、と別役は言う。例えば、色紙を渡された先生が「これ何だい?」と聞いて、「先生、遊びですよ。冗談ですよ、やってください」という形で誘い込まれた場合、教師はそこに悪意があることを知っていたとしても、それを断ることがかなり難しいということである。そこには「悪意と冗談というのがきわめて巧妙に混合していて、自分自身が明らかに悪意をもっていることを白状しなければ、その悪意を指摘できないメカニズム」(七二頁)が働いているからである。外部に(絶対的な)準拠枠がなく、且つ自他関係が否定されている事態においては、主体は「自分自身が悪意をもっているものでなければ、悪意があるということに気づけない」(六九頁)という構造下に置かれるのである。このことは、〈正しいことは良いことだ〉という学校的観点の問題が、否定的な自他関係において相対化されることで、教育と教育的態度(の可能性)そのものが完全に失墜することを意味している。

第四節　ユーモアとしての教育的態度

第三節で論じた通り、こうして、ナルシシズム、リゴリズム、アイロニズム/シニシズムは、何れにおいても〈正しいことは良いことだ〉という学校的観点を補完することとなる。図3における反時計回りはそれを表している。しかし、この矢印を前提としつつも、あるいはそこに片足を置きつつも、それとは反対の方向へと向かう時計回りのエナジーを放つ磁場が存在する。それが、ユーモアという（教育的）態度である。ユーモアにおいても、アイロニズム／シニシズムと同様に、学校的観点における自他関係は相対化される。しかし、教育の〈質〉が圧倒的に異なるのである。ユーモアにはどこか自他を開放するものがあるからである。柄谷行人（一九九八）は、フロイトの論を下敷きに、ユーモアを次のように説明している。

誰かが他人にたいしてヒューモア的な精神態度を見せるという場合を取り上げてみると、きわめて自然に次のような解釈が出てくる。すなわち、この人はその他人にたいしてある人が子供にたいするような態度をとっているのである。そしてこの人は、子供にとっては重大なものと見える利害や苦しみも、本当はつまらないものであることを知って微笑しているのである。（一二〇頁）

ここでユーモアとは「自我（子供）の苦痛に対して、超自我（親）がそんなことは何でもないよと激励するもの」（一二〇頁）である。フロイトは、その典型を「月曜日絞首台に引かれていく囚人が『ふん、今週も幸先がいいらしいぞ』と言った」ことに求めている。確かに、ここには先の新聞記事の教師が言った「お前も大変やな」の一言と同様の〈可笑しみ〉が漂っている。それは、日常の自他関係を超越する（＝相対化する）と同時に、あるいはにもかかわらず、その自他関係に留まらざるを得ない自他の存在を自認する（＝肯定する）からである。言い換えると、それは、学校教育の「境界」に立つポジショニングである。学校的観点（＝〈正しいことは良いことだ〉）を相対化しつつ、しかしそこに依拠せざるを得ない教師、生徒の現況を承認するからである。そのとき、その境界の向こう側に幽かに見える景色が、次なる教育の可能性を予感させるが故に、自他を開放するのである。そしてそのとき、図らずもそこに居合わせた教師は、〈正しいことは良いことだ〉に固執する姿勢から、〈正しいけれども良くないこと〉や〈正しくないけれども良いこと〉を受け入れ得るような〈態度の変容〉を迫られているであろう。

以上のような〈態度の変容〉は、臨床教育学を唱える庄井良信（二〇〇八）の注目する次のような教師のエピソードに記述されていると言える。

次の語りは、一九九X年に、暴力事件が頻発する学校現場で、ある日、一年生の子どもが二年生の子どもを殴打する事件が起き、その解決のために、ある教師が加害少年の家庭訪問をしたときのようすの語りである。行ってみると、二階の部屋に何人もの卒業生がたむろしていました。見ると、タバコは吸っている、電話でしゃべりまくる、テレビゲームをやっている。非常にハイテンションで、騒然としている。私が部屋に入っていくと、「おう、何しに来たんや」と向こうも聞くから、「いや別に……」とか言って待っていると、「まぁ、座れや」と言われたのですが、座る場所もない。漫画本やら何やらをどかして、ようやく自分が座る場所をつくって、そこへ腰をおろしながら、いろいろ考えました。「なんだか、これで謝りに行けとか、なんで殴ったんやとか、そんなの聞くのは無理やなあ……」。そう思うと、こっちも観念してしまって、ともかくそこにじっと居ることにしました。子どもたちは、最初はちょっと警戒している素振りもあったのですが、そういうものがしんなりと溶けていくのを感じました。ふと、床に手をおくと、じっとりするんですね。「ああ、これは布団なんか干してへんわ。こういうところで毎日寝とんのや……」という感じを持つわけです。それで、何か食ったのかなあと思って見ると、カップラーメンに箸がつき刺さってすえた臭いのするのがある。あるいは、いくつも灰皿が盛り上がってほこりだらけで床にある。さっとなぞると手にはほこりがざっとたまる。ぴかぴかに光っているのは、バイクのヘルメットとか、いっぱい刺繍をした学ランとか短ランの学生服、それらだけきちっとなっている。そういうものを細部まで意識して観察して、そこでは時間と空間を共有するのだと自分で自分を納得させてずっといて、それで「あいつに謝れとか、なんにもいえへんかったなあ」と帰ってくるわけです。（中略）その事件の時にボクが学校の職員室に帰ったのは夜の十一時を過ぎていました。けれども二年生の学年集団の教師は全部残っていました。被害者の側ですから。ボクがこういう状態でこうなんだという話をしたら、その学年の女性の学年主任でしたけれども、「こういう話を聞かなかったら、受けとめられへんわなあ」と言ったんですね。これはものすごく印象的でした。（一〇四頁）

このエピソードから庄井は、「この教師が、あるべきロマンの教条主義的な説教ではなく、沈黙の響きから生まれる意味生成を感受する『レヴィナスの姿勢』で臨むことで、教師どうしのすなおな心の語りあいを生み出す契機になった」と結論づけている。庄井の言う「あるべきロマンの教条主義的な説教」とは、言わば、学校的観点を体現するような姿勢、つまり〈正しいことは良いことだ〉に対応した態度である。そして、このリゴリズム的態度から開放され、自他関係を肯定し得る態度へと向かう、そのことの教育的意義を臨床教育学の立場から明らかにしているのである。

しかし、笑い×態度に現出する教育の〈質〉という観点からは、むしろこのエピソードに漂う〈可笑しみ〉を汲み取ることが必要であると言える。それは、このエピソードに漂う〈可笑しみ〉を汲み取ることで、庄井による臨床教育的見解を更にポリフォニック（多声的）にすることであると言える。この教師の振る舞いは、先の新聞記事にある「お前も大変やなぁ」の一言や、ポーランド人に対するユダヤ人の態度が放つものと同様の〈質〉を感じさせるからである。それは、那辺にあるのであろうか。先の関係が主役となるアイロニズム／シニシズムと対比して言うならば、それは、関係の外に立つ主役への期待と呼ぶことのできる構えである。

この教師には、まず、加害少年に反省させ、謝罪させせなければならないという台本が当然あったはずである。教師としての倫理観に根ざして、暴力事件の頻発する学校の教師として、加害少年の更正がスムーズにいかない困難な仕事になることも台本には含まれていたに違いない。しかし、教師が加害少年の家で出会ったのは、そのような事態ではなかった。教師として正に行ったはずが、「まぁ、座れや」と向こうに言われ、「えっ?」となってしまった。調子を狂わされた。もはや通常の教師・生徒関係が成立しない事態である。思いがけず、学校的観点の境界に立ってしまったということである。更に周りを見回してみると、〈正しいこと―正しくないこと〉の価値基準には収まらない、複雑多岐な〈良いこと―良くないこと〉の価値基準が浸透してくる。次第に〈正しいことは良いことだ〉が失墜する方向へと向かい始める。徐々に教育の伝達不可能性を自覚せざるを得なくなってくる。しかし、このエピソードの〈可笑しみ〉は、むしろ、教育の伝達不可能性を自覚した、学校的観点を相対化した後の、その〈質〉にあると言えるだろう。学校教育の境界に立たされたこの教師は、教育の伝達不可能性をあたかも伝達可能なように仮構するのではなく、伝達不可能な自他の関係を肯定する方向へ向かうからである。例えば、加害少年の本音を訊き出そうとするのでもなく、まして教師としての威厳を振りかざして説教するのでもなく、指導記録に残るような説得的言説を一応伝達するのでもなく、「いま、聞くのは無理やなぁ」と退散するのである。それは、「こう有りたい」にもかかわらず、「そのようではない」自他を受け入れることで、私とあなたの境界の向こう側の景色として浮上する「こうでも有り得る」自他を幽かに垣間見させるような態度である。涌出しつつある〈正しくないけれども良いこと〉を静かに汲み取ろうとする態度と言える。

第五節　総合的考察

以上、教育とユーモアの関係について、とりわけ教育の〈質〉に注目して考察を進めた。第二章の論旨として、以下の三つのことをあげることができる。

一つは、教育とは〈正しいこと〉の伝達不可能性を孕むパラドキシカルな営みであるが、学校教育は、その伝達不可能性をあたかも伝達可能なように仮構してしまうという問題を抱えているということである。この問題をより経験に即した表現にするならば、それは、否定的な自他関係を絶対化する〈正しいことは良いことだ〉というリゴリズム的な態度によって体現されると言える。このような学校的観点は、教育という営みの原基に照らして、偽装された教育、あるいは疑似教育とでも呼べるものである。

二つは、この学校的観点の問題から脱するためには、それを相対化する方向が志向されるということ、しかし、同時にその〈質〉を問わなければ、相対化するにもかかわらず、それを補完するという倒錯した事態を招く危険性があるということである。学校的観点に正当性が認められないことを知りつつ、敢えてそれに依存するという態度が形成されるのである。このような時点においては、学校的観点の相対化を通して自他関係が否定されると言える。

そして三つは、学校的観点を相対化しつつも、自他関係を肯定するユーモアという態度に、教育の可能性を見出すことができるということである。それは、学校的観点の境界に位置し、〈正しいこと〉の伝達不可能性を自覚しつつも、そのようでしかない自他の有り様を受け入れるのである。つまり、ユーモアは、限界と同時に次なる有り様を露見させるが故に現況の自他を開放させるのである。

以上の展開から、第一に、教室という具体的諸条件下において、啓蒙主義のパラドクスに直面した教師、生徒たちは、自らが依って立つ絶対的な基盤（＝リゴリズム的態度）の解体へと向かうユーモアの態度ではなく、往々にして、そこに絶対的な根拠がないにもかかわらず敢えて信じる（利用する）倒錯的なシニシズムの態度を採用することが明らかになったと言える。そして、第二に、この倒錯的態度からの脱出口は、教育の伝達不可能性を自覚した教師が、しかし尚も伝えようとする姿勢に拓かれるということである。それは、〈正しいけれども良くないこと〉や〈正しくないけれども良いこと〉を受け入れ、〈正しいこと―正しくないこと〉とは異なる〈良いこと―良くないこと〉へと向かう〈態度変容〉に在ることを明らかにした。
また、第一、第二の結論は、第三節で示した自他関係（肯定的、否定的）とそのポジショニング（絶対化、相対化）からなる笑い×態度の四象限において明確に示されている。無論、このような図式化は、複雑怪奇な教育現象を単純・平板化することで、その不可解で豊醇な意味を削ぎ落としてしまう危険を同時に孕むものであることは間違いない。しかし、次の三つの点においてやはり意義あるものと主張することができるであろう。

第一に、笑い×態度として感受される教育の〈質〉を特徴づけ、整理することによって、これまで学校教育を論じる上で看過されてきた〈正しいことは良いことだ〉の問題から脱する方途として、〈正しくなくても良いこと〉や〈正しくても良くないこと〉に注目し、受け入れるという方向性を示したことである。

第二に、教育的態度として、ナルシシズム、リゴリズム、アイロニズム／シニシズムとユーモアとの関連・対比を明らかにしたことである。この図式を用いるならば、ユーモアとは、肯定的な自他関係におけるアイロニズム／シニシズムであり、言わばアイロニズム／シニシズムの下降的具体化である。また、相対化されたナルシシズムとも言えるであろう。そしてそれは、ナルシシズムの高次元での回復と言えるのである。

最後に第三として、これまでの教育実践、教育理論の双方においてすくい取ることが困難であった〈可笑しみ〉へと目を向けさせるということである。〈可笑しみ〉は、例えば、庄井良信の事例にある教師が、結局何もできずに悄悄《しょうしょう》と退散したときのように、学校的観点における「成果」としては位置づけ得ないものである。ある実践の意義を主張する振る舞いからは〈可笑しみ〉は漂わないし、また実践の失敗を反省し次回へ活かそうとする省察的姿勢からも、やはり〈可笑しみ〉は生じないからである。しかし、そうであるが故に、それは教育という営みの可能性の一端を担うものであり、教師・生徒を開放するものであることは既述のとおりである。

注

1　教育的シニシズム状況は、一九七〇年代後半における戦後教育の転換に起因していると言える。それは、プライバタイゼーションの進行により、これまでの学校・学級という中間集団へのコミットメント自体が弱まり、五〇年代後半から七〇年代前半に盛り上がりを見せた全生研の「学級集団づくり」論が批判され、その対抗言説が登場する時期である（高橋、一九九七を参照）。また、教育学理論として、六〇年代末に導入された欧米の学校権力論とそれ以後のポストモダン思想が浸透した時期でもある。それらは、イリイチの脱学校論を嚆矢に、ブルデューの再生産論、アルチュセールの国家のイデオロギー装置、フーコーの微細権力・司牧者権力の場など、学校や科学それ自体が孕む権力性を露見し、教育を肯定する、あるいは教育の正当性を保証する絶対的な根拠がないことを暴露したのである。こうして、相対主義的な教育理論が大勢を占めていくなか、これまでの啓蒙の戦略に則った教育学や教育実践が否定され、次のような教育的シニシズムが進行していくのである（小玉、二〇〇三：広田、二〇〇九を参照）。「これが教育においてどういう問題を生じさせるかというと、教師が社会や子ども、あるいは親に対して、啓蒙的理性の担い手として振る舞うということが難しくなってくる、できなくなってくるということである。しかし、それにもかかわらず教師は教師である以上、何らかの形で教師である自分を教師として維持することを迫られる。そこで一つの姿勢として出てくるのが、『教師』という役割やその権力が擬制、すなわちフィクションあるいは虚偽であることを承知しつつも、その擬制をあえて引き受け、そこにある意味で居直ろうとする態度である。これが、教育におけるシニシズムである」（小玉、二〇〇三、六七頁）。

2　亀山（一九八四）、鳶野（一九八七：一九九一）、矢野（一九九六）のユーモア（＝態度）論は、いずれも、たんなる冗談や機知としての小ユーモアではなく、ヘフティング（一九八二）が論じる相対立する感情が共存する状況を前提とした全体感情としてのユーモア、人生観、世界観としての大ユーモアを問題にしている。また、本論で示す笑い×（精神的）態度に現出する教育の〈質〉としての〈可笑しみ〉も、〈正しいこと〉と〈良いこと〉という相対立する感情が錯綜している事態であることを考慮するならば、この全体感情としてのユーモアを指していると言える。

3　ここでの〈質〉とは、鯨岡（二〇〇五）の提唱する「エピソード記述」において描かれるものに近いかもしれない。「エピソード記述」は、相手を「間主観的に掴む、把握する」ような関係に注目する。そして、関わる相手が何をした、何を言った、自分が何をした等々の行動の事実しか分からない客観的な事実だけを書くべきであるとする（客観主義的な）考えを批判し、「相手はどのように思ってその場を生きていたのか、自分はそこで相手の思いをどのように掴んだのか、またどのような思いで関わっていたのかというような、生の断面に息づくもの」（六頁）を描くのである。しかし、本書における〈質〉は、とりわけ、教育のパラドクスが露呈する事態におけるそれである。

4　〈正しいこと〉と〈良いこと〉は違うという事例として、鷲田（二〇〇四）の語る「悪い看護婦の話」が明快である。入院患者のおじいさんの部屋を利用して、仕事中に居眠りをする悪い看護婦が、婦長さんの見回りからその看護婦を守ろうとする思いをそのおじいさんに起こさせ、結果的におじいさんを元気にしたのである。つまり、看護婦の行いは〈正しくない〉にもかかわらず、看護婦とおじいさんとのかかわりからは〈良いこと〉が形成されたのである。

5　ビリッグ（二〇一一）によれば、笑いには、規律的機能と反逆的機能がある。前者は、社会が全体的進歩という有益な目的を追求していくために、規律を逸脱したものを笑い、戒めるように機能する。後者は、社会生活で避けることのできない制限から逃れ、つかの間の自由をともに味わわせてくれるように機能するのである。

6　IRE構造とは、教育社会学者のヒュー・メーハンによって指摘された教室特有のコミュニケーション構造のことである。教室では、日常の会話とは異なり、教師の設問・主導（teacher Initiative）で始まり、次に生徒の応答（student Response）があり、そして最後に教師の評価（teacher Evaluation）が下されるという会話形式が圧倒的であると言う。キャズデンは、このIRE構造を生徒の声が形式・形骸化されているという意味で「教師の」独話であると批判する。しかし教育学者の岡田敬司は、IRE構造の獲得を、生徒の自律の過程として読み解いている。「キャズデンは『教師の』独話だと言うのだが、われわれは『子どもの』独話だと言いたいのである。なぜなら、子どもは生身の他者たる母親や教師の上に超越的第三者を投影し、この自らの投射した幻想的超越者を相手に対話しているからである。これは単なる言い方の違いではない。このモノローグ的対話を経て、子どもは内的対話としての思考へと導かれていくからである。思考がもっぱら功利的なものではなく、『正しさ』、『真理』といったものに方向づけられたものであるのは、この時期の外在的超越者が設問―応答―評価構造を通して、そうした『正しさ』や『真理』に方向づけられた対話を実行したことと無関係ではあるまい」（岡田、一九九八、一二五―一二六）。このことは、〈嘲り〉の教育的機能をも暗に意味していると言える。

7　このようなシニシズムの態度は、その原義でもある古代ギリシア哲学の一派であるキュニコス派のキュニシズムの態度とは似て非なるものである。キュニシズムは、支配階級の公式的イデオロギーの感傷的な謳い文句とその荘厳で重苦しい調子に対して、日常的な凡庸さを対置する。そして、公式的イデオロギーを嘲笑することによって、イデオロギー的謳い文句の崇高な高貴さの背後にある利己的な関心、暴力、貪婪な権力欲を暴くのである。言わば、それは、支配的文化を再編しようとする態度である。反して、シニシズムは、キュニシズム的転覆に対する支配的文化の側からの答えである。それは、イデオロギー的普遍主義の背後にある特殊な関心や、イデオロギーの仮面と現実との間の距離を、ちゃんと認識しているし、考慮に入れている。にもかかわらず、仮面を脱ぎ捨てるべきではないと判断するのである。

参考文献

青砥弘幸（二〇〇九）「学校教育における『ユーモア性』の育成に関する一考察――『ユーモア能力』という概念の提案」『笑い学研究』一六、五九－六七頁。

エスカルピ、R著／蜷川親善訳（一九六一）『ユーモア』クセジュ文庫。

大澤真幸（一九九八）『戦後の思想空間』筑摩書房。

岡田敬司（一九九八）『コミュニケーションと人間形成――かかわりの教育学〈2〉』ミネルヴァ書房。

亀山佳明（一九八四）「ユーモアの宿命」作田啓一・富永茂樹編『自尊と懐疑――文芸社会学をめざして』筑摩書房。

柄谷行人（一九九三）『ヒューモアとしての唯物論』筑摩書房。

鯨岡峻（二〇〇五）『エピソード記述入門――実践と質的研究のために』東京大学出版会。

小玉重夫（二〇〇三）『シティズンシップの教育思想』白澤社。

ジジェク、S著／鈴木晶訳（二〇〇一）『イデオロギーの崇高な対象』河出書房新社。

庄井良信（二〇〇八）「ヴィゴツキーの情動理論の教育学的展開に関する研究」博士論文。

スローターダイク、P著／高田珠樹訳（一九九六）『シニカル理性批判』ミネルヴァ書房。

瀬沼文彰（二〇一四）「若い世代の闇の笑い――人は笑うのか、笑わなければならないのか」『笑い学研究』二一、四五‐五九頁。

堂本真実子（二〇〇二）『学級集団の笑いに関する民族誌的研究』風間書房。

鳶野克己（一九八七）「教育学的ユーモア論のための素描」『光華女子大学紀要』二五、九五‐一一五頁。

鳶野克己（一九九一）「自己のフットワーク――ユーモアの人間形成論にむけて」『光華女子大学紀要』二九、六一‐八一頁。

鳶野克己（一九九四）「『拠り所のなさ』という拠り所――人間形成における〈物語〉の批判的再生のために」加野芳正・矢野智司編『教育のパラドックス／パラドックスの教育』東信堂。

西岡加名恵（二〇〇五）「大西忠治と生活指導――『班・核・討議づくり』による学級集団づくり」田中耕治編『時代を拓いた教師たち――戦後教育実践からのメッセージ』日本標準。

ビリッグ、M著／鈴木聡志訳（二〇一一）『笑いと嘲り―ユーモアのダークサイド』新曜社。

広田照幸（二〇〇九）『ヒューマニティーズ　教育学』岩波書店。

別役実（二〇〇五）『ベケットと「いじめ」』白水Uブックス。

ヘフディング、H著／宮坂いち子訳（一九八二）『生の感情としてのユーモア』以文社。

宮台真司（一九九四）『制服少女たちの選択』講談社。

森下伸也（一九九三）「ユーモアとナルシシズム」『金城学院大学論集社会科学編』三五、二九‐九六頁。

森下伸也（二〇〇三）『もっと笑うためのユーモア学入門』新曜社。

矢島伸男（二〇一一）「『笑い』の教育的意義――『ユーモア・センス』の概念を中心に」『創価大学大学院紀要』三四、一九九‐二二一頁。

矢島伸男（二〇一三）「学校教育における望ましい笑いとは何か――笑いの両義性を中心に」『笑い学研究』

二〇、一九九―二二二頁。

矢野智司（一九九四）「教育関係のパラドックス――教育関係における『二律背反』問題についてのコミュニケーション論的人間学の試み」加野芳正・矢野智司編『教育のパラドックス／パラドックスの教育』東信堂。

矢野智司（一九九六）『ソクラテスのダブル・バインド――意味生成の教育人間学』世織書房。

鷲田清一（二〇〇四）『着飾る自分、質素な自分』ＫＴＣ中央出版。

コラム

がんばる先生、がんばらない先生

枝廣直樹

私は小学校の教師を九年し、その後二年間、大学院に内地留学しました。まだまだ教育者として半人前です。ただ、その中で感じたことで、学校の実際と世間とのイメージが違うなあということを、半人前ながら述べたいと思います。

＊

私は大学で教育学部を出ておらず、教育に強い思いをもって教師になったのでもありません。正直、「教師なんて誰でもできるのでは」と斜に見るところがありました。ただ、小学校の教師になって出会った先生は素晴らしい方ばかりで、目から鱗でした。これは本当に自分が恵まれていたのかもしれませんし、ちょっと変わった先生がいるのも話を聞いたらわかるのですが、でもこれだけは言えると思います。「がんばっている先生はたくさんいる」ということです。

私は先述のように教育学部出身でないので、民間で働いている友人が多いです。民間で働く友人と先生について話すと、たいてい二つに分かれます。「先生なんて……」と斜に見る人と、「先生は大変」と同情（？）を示す人。前者は自分もそうだったのでよくわかります。自分が受けてきた教育への反発も大いにあるようです。後者はテレビドラマやニュースの影響が多分にあるのでしょう。「モンスターペアレント」と言われる保護者に追い詰められる教師の様子は、誰もが簡単に想像できる時代と言えます。

しかしながら、私はどちらの意見にも首を傾げたくなってしまいます。「先生なんて……」という意見に対しては「がんばっている先生はたくさんいる」という実感からです。先生という仕事はちょっと民間と仕組みが違うなあということを、話を聞いていて感じます。端的に言うと「何のためにがんばるのか」が違うように思います。民間は「お金のため」「家族のため」でしょうか。「出世のため」「会社のため」という人もいるでしょう。他にも色々あるでしょう。これはあくまで私の実感ですが、上記四つを考えている人は、教師は少ないように思います。もちろん少しはあるかもしれませんが、それが一番ではない方が多いようなのです。

公立学校の教師は公務員なので、がんばっても給料はアップしません。出世と言っても一般的には教頭から校長になるケースですが、管理職になったからといって給料が大きく変わるわけでもなく、なおかつ激務が待っていることは日々目にしており、私の周りには出世欲むき出しの人はあまり見かけません。むしろなんとか管理職を避けようとする人が多い印象です。「会社のため」は「学校のため」となるのでしょうが、「学校がもっと発展してほしい」と強く願っている人は公立小学校ではあまりいないように思います。それは少しはあると思いますが、放っといても学校はそうそう潰れません。

では、教師は「何のためにがんばるのか」。あくまで私見ですが、「児童・生徒のため」がほとんどだと思います。

「そんな聖人君子みたいな人ばっかりなわけあるかい」ともしかしたら思われたかもしれませんが、実際、聖人君子に近い傾向のある人が教師には多いと率直に思います。むしろ日本全体が聖人君子のように、自己犠牲を厭わず人のために尽くすことを良きこととしてきたのではないでしょうか。そうでなければ教師という職業にばかり、そんな人が集まるわけはありません。言ってみれば日本人全体が聖人君子的なのです。(つまるところ、民間で働いている日本の方々も聖人君子的なところはあると思います。）

現在においても世界から高く評価されている日本の教育を支えているのは、私は主に現場の教師のがんばりの成果だと思っています。がんばらない教師というのはもちろん（それはどの世界にだって）一定程度存在すると思います。

ただ、学級担任に限った話で言えば、がんばらなければ、たいていは学級崩壊します。学級崩壊を続けていては先生を続けていくことができません。（どんな精神の持ち主でも体力の持ち主でも、心と体が持ちません。たとえ持ったとしても、管理職や教育委員会が担任を続けさせてくれません。）その代わり、がんばれば一生感謝されることにつながるかもしれない。その子の人生を変えることができるかもしれない。それは教師とした ら大きな喜びです。そんな大きなことでなくとも、ささやかな成長を一緒に喜び合える瞬間があちらこちらにあります。それが教師冥利というものです。そんな瞬間のために日々、教師はがんばっているのだと私は勝手に思っています。

だから、「最近の先生は大変でしょ」という話もすんなり頷くことができません。大変というより自分からがんばっている人が多いのです。がんばることで子どもが成長する。子どもが成長することでうれしくなりもっとがんばる。教師とはそんな理想的なサイクルでまわっている仕事であると思います。かなり純粋な思いで学校現場はまわっています。（余談ですが事務仕事は増えるばかりで、その点は大変だと心から思います。）

ただ、こうした「がんばりのサイクル」はどうしても他人と比べてしまいがちです。そうなると、自分は新任だからもっとがんばらないと、私のクラスは隣のクラスより劣るから、などとどんどん過剰になる。うまくいかないときに自分を責めてもっとがんばることで解決しようとする。いつでもうまくいく先生を見ていて自分に才能がないと思う分をがんばりでカバーしようとする。「がんばりのサイクル」が「がんばり競争」になってしまっているのです。

先生は大抵一生懸命にがんばっているのです。それをもっとがんばれ、もっとやれるというのはあんまりにも酷ではないでしょうか。私の実感では「残念な先生」なんてほぼ存在しません。いたとしてもすぐに辞めていくでしょう。私の知っているのは、子どものことで迷い苦しみ、時に挫折しながら、少しでも子どものためをと思い、身を削りながらも日々あくせく働くがんばる先生です。

ただ、そんながんばる先生も、「がんばり競争」の中で自分を見失ってしまうことが多々あるようです。がんばる先生が報われる社会であってほしい、がんばる先生が少しでも楽しく仕事ができれば、という思いをこの本に込めました。

そうした思いを感じながら、本文を読んでいただければ幸いです。

第Ⅱ部　子ども問題とユーモア

第Ⅱ部では、子どもとユーモアの関係について整理、探究する。

第一章では、「子どもとユーモア」と題して、子どもとユーモアとの関係を論じていく上での準備として、現代の子どもを取り巻く状況（子ども問題）について整理する。第二章では、教育現場における事例を通して、子どもにとってのユーモアの意義についての理解を深める。そして、第三章では、教育現場におけるユーモアの教育的意義について、この章のまとめとして結論づけたい。

第一章　子どもとユーモア

三好正彦

第一節　子ども問題と子どもを取り巻く状況

1　子ども問題とは

本章では、子どもとユーモアと題して、子どもを取り巻く状況とユーモアとの関係について整理する。第Ⅰ部で述べてきたようなユーモアの教育的意義が、現実の今の子どもにとってどのような意味をもつのかを、子ども問題と関連付けながら考えてみたい。

「子ども問題」と関連させる理由として、子どもを取り巻く状況の何を問題としているかを明らかにすることで、我々の主張や立ち位置をより具体的に理解してもらうことができると考えるからである。そして、第Ⅰ部で示したようなユーモアの教育的意義が、今の子どもを取り巻く状況や課題に向き合う上で、どのような意味をもつのかを明らかにしたい。

では、そもそも現代の「子ども問題」とは何かについてであるが、子ども社会学会が二〇一四年に発行した『子ども問題事典』を基に以下の三点に整理した。

（1）「子どもと学校」……教育活動の固定化、いじめ、学びからの逃走

子ども問題の言説は、学校という場を通して多くの視点で語られる。いじめ、不登校、学級崩壊等々である。これらのどれも、その件数や質的な内容を含めた現状についての議論は様々あるが、取り組まれなければならない課題であることは間違いない。

『子ども問題事典』においても、以下のような記述がある（一一三頁）。

今日の学校教育の病理、たとえば不本意入学者の増加、いじめ、校内暴力などの諸現象の背後には、近代社会の制度としての学校が必然的に担う社会移動の手段としての位置付けの問題があり、今日の私たちが経験する教師と生徒（学生、児童）の不幸な関係は、基本的にはここに由来する。

ここで我々が問題として考えたいことは、個別的な課題それぞれに焦点化していくということではなく、子どもにとっての教育活動が不活性状態となっているという視点である。先ほどあげたいくつかの課題・一連の問題は、子どもにとっての教育や学校という場についての意味の問い直しという文脈と関連しているという点で共通している。問題は学校そのものの存在意義、学校における学習についての意義などが、子どもに確かな形で伝達されていないことの現象として捉えることができると考える。この学校の病理に関して永井（二〇一三）は、学校が「学ぶ場」としてのみ在り続けることができなくなって、「学ばされる場」であり、さらには「個人を選別し、配分する場」であったりすることが原因として考えられると述べている。そして後に言及するが、教育方法や指導のマニュアル化、

外部評価の徹底という現在の状況につながっていく。

本章においても、「教える—教えられる」という固定化された関係に不具合が生じ、様々な息苦しい状況が生み出されているという点を学校と子どもとの間で描き出される問題として考えたい。

（2）「少子化と子どもの発達」……過保護、過干渉、子どもの喪失、社会化の停滞

二つ目の子ども問題として、少子化という視点は外せないだろう。子どもの少なくなった社会において、少数の子どもへの見方は良い意味でも悪い意味でも手厚いものとなる。良い面で見れば丁寧できめ細かい関わりが可能になるが、悪い面で見れば過干渉となって、子どもの発達面にマイナスなものとして現れることにもなり得る。

『子ども問題事典』の中で武内は少子化による子どもへの影響として以下の六点をあげている（六頁）。

①一般には少子化で、親子関係は密着化し過保護になるが、家庭の経済状況、母親の就労の有無、祖父母の支援の有無、地域の状況などで格差が広がる。
②きょうだい数は少なく（平均二人）、きょうだい関係で社会性は養われない。
③周囲に同世代の子どもが少なく、子ども同士の接触や遊びは少なくなる。
④学校でも同学年の子どもは少なく、同じ顔ぶれで毎年過ごし、同質性が強まり、異文化への寛容性が減る。
⑤受験競争は一般に緩和するが、お受験や中学受験を目指し塾通いをする教育熱心な家族が一部に

あり、家族間の格差が拡大する。

⑥少子化で、日本の経済は減速化し、子どもたちは未来に明るい希望が持てず、無気力になる。

以上であげられている六つの点は、第Ⅱ部で問題として考える状況にいずれも深く関連している。その意味で、この少子化問題は、子ども問題の根底に横断的に横たわっているものであるとも言える。そして、子育てにも大きく影響を与えており、保護者は「良い子どもの育成」を強く求められる状況にある。その意味で、学校と同様に息が詰まる感覚を覚えている保護者・子どもも少なくないだろう。

（3）「子どもと社会的排除[注1]」……子どもの貧困、社会的排除

子どもの相対的貧困率は一九九〇年代半ば頃からおおむね上昇傾向にあり、二〇〇九（平成二十一）年には一五・七％となっている。子どもがいる現役世帯の相対的貧困率は一四・六％であり、そのうち大人が一人の世帯の相対的貧困率が五〇・八％と、大人が二人以上いる世帯に比べて非常に高い水準となっている（内閣府『平成二十六年度子ども若者白書』）。経済的理由により就学困難と認められ、就学援助を受けている小学生・中学生は二〇一二年には約一五五万人で、一九九五年度の調査開始以降初めて減少したが、その主な原因は子どもの数全体の減少によるものである。就学援助率は、この一〇年間で上昇を続けており、二〇一二年度には過去最高の一五・六四％となっている。このような貧困状況にある子どもたちは、親の経済状況が学歴や社会的地位の獲得と深く関連している以上[2]、教

育の場における将来的希望を描けない子どもたちが増えていることも意味している。そればかりではなく、子どもたちが社会的排除の対象となるリスクも高くなっているとも言える。

森田は排除の過程について次のように論じている。

> 社会的排除は政治・経済・社会・文化にわたる「多次元的」「複合的」な資源の分配構造の中心から周縁へと移行する「周縁化の過程」ととらえることができようし、社会のなかに資源の分配構造へのアクセスをめぐって「社会的な分断構造」が生成されていく過程とも見ることができる。
> （森田、二〇〇九、一五頁）

つまり、「社会的排除」とは社会的資源の分配にアクセスしやすい場所（中心部）から遠ざけられた場所（「周縁部」）へと人々が追いやられていく過程と表現することができる、ということである。「社会的排除」が社会問題となり、そのような状況に陥っている人たちの存在が明らかになった経緯にこの「貧困」問題があげられている。

日本においても、昨今「格差」と関連付ける形で「貧困」を問題視する傾向が生まれつつある。岩田は「社会的排除」は、社会的諸活動への「参加への欠如」の状態をストレートに表現したものとしている（岩田、二〇〇八、二三頁）。例えば、「日雇い労働者」は就業している日は「関係者」として扱われるが、彼らがくぐりぬけられるゲートはきわめて限定されてしまう。「周縁部」に追いやられていく要因に「貧困」は大きな位置づけになることは間違いないことのようである。

以上の三つの問題を整理したが、以下のような形で子ども自身に外面化してきていると考えており、それは第Ⅱ部で危惧している子ども問題の核となる視点でもある。

その視点とは主体的な生き方、学び（学習）からの逃走である。日本の高校生の約四割が、平日に学校の授業時間以外にまったく、またはほとんど勉強をしていないという結果が報告されている（ベネッセ教育開発センター『小中高生の学びに関する実態調査　報告［２０１４］』）。また、政治や社会に働きかける活動についての関心についても、非常に低い。つまり、多くの日本の子どもは、自ら学び、行動するという姿勢が見られないという点が指摘できる。この背景には、上記であげた問題点（学校の病理、少子化、貧困）がそれぞれ関連しており、「自分が何をしてもムダ」「どうせ〜だし」というような、無気力・無関心というシニシズムを蔓延させる要因となっている。その結果、将来の夢を描けない子どもの誕生を生んでいる。「夢」というものは、本来現実的な目標とは異なり、希望的観測（いい意味での）を多分に含んでいるものであるはずである。しかし、長年続く不況による経済的要因により、堅実志向が定着しつつある中、「自分はこの程度」と悟る思考をもつ子どもや若者も増えている（さとり世代）[3]。そこには、自身の力で現状を打破していこうというエネルギーのようなものは感じられない。

以上の視点以外にも、格差の問題、虐待など、子どもを取り巻く課題は多々あるだろうが、突き詰めていけば子どもの問題は社会（大人）的問題として考えることができる。単に子どもの現象面だけを問題点として指摘するだけでは不十分であり、社会全体の変化の中で子ども問題を考える視点が必要とされるだろう。そこで次項から、子どもを取り巻く社会の状況に目を向け、ゼロトレランスと排除型社会への移行という二つの視点について整理する。

2　ゼロトレランスと教育

近年の教育動向として「成果主義」「厳罰主義」へと変貌、傾倒した視座が見られ、子どもの規範意識の低下を憂い、猶予なき積極的な「生徒指導」が学校教育に影を落としている。山田・桑原は近年のこの流れを以下のように整理している。

現在、全国の学校現場では子どもに関わる諸問題が多様化・複雑化し混乱している状態がある。その中で、いじめや身体に危険が及ぶような問題行動に対して、アメリカで一定の成果を上げたと言われているゼロトレランス方式を生徒指導に取り入れる方向がみられる。現在、「ゼロトレランス」というワード自体は目立たなくなったが、同様の文脈で生徒指導のマニュアル化、プログレッシブディシプリンなどの「ゼロトレランス的」生徒指導が浸透しつつある（木村、二〇一五）。

ゼロトレランスは九〇年代後半、暴力や麻薬、銃の蔓延に苦慮していたアメリカの教育現場において、子どものしつけ、生徒規律、怠学是正、学習保障などの観点から即効的方法を模索していた世論の高まりと連動した形で波及していくことになる。これは単に学校現場における現象というよりむしろ、社会全体として犯罪者や逸脱者に対する不寛容な態度、厳罰化といった流れが教育に流入された形と言える。

この方式は段階的な罰則基準（プログレッシブディシプリン[4]）を設け、子どもの些細な問題行動にも、毅然とした態度でその基準を機械的に運用し、問題行動を起こした子どもだけではなく、問題兆候のある子どもも排除する。結果として、パノプティコン的監視・取締体制が学校の内外にわたって強化され、強権的な指導による排除の論理が貫徹した「ゼロトレランスという抑止力」が働き、校内における「暴力・けんか行為」は減少していくということになる。

このような方式が日本で歓迎され、取入れられる背景には、子どもの規範意識の低下を懸念する言説の過熱ぶり、問題に対する即効的方法を切望する世論、そして早急に解決しなければならない現実が背景にあると考えられる。

3　排除型社会への移行と教育

学校現場におけるゼロトレランス的な方向性は、規範意識の向上や秩序の維持に即効的な有効性がある反面、排除的な側面も強い。

ゼロトレランスは犯罪者や逸脱者を社会からはじき出して、社会の周縁部へと追いやる。レヴィ＝ストロースは「悲しき熱帯」を通して、異質な者や逸脱者を飲み込んで形成される包摂型社会に対し、都市型社会を人を吐き出す排除型社会と称した(5)（山田・桑原）。

日本においても、かつての寛容的な人間関係を巻き込んでいく社会から、逸脱者や異質な者に対する受容度が低下する社会の方向へ進んでいる。都市の公園において、見知らぬ人が子どもに挨拶をするだけで不審者の扱いを受けるということも珍しくない。また在日朝鮮・韓国人に対するヘイトスピーチなどの排除的行為も過熱し続けている。そして学校現場においては、集団行動のできない子どもや、授業に集中できない子どもは「障害児」「問題児」のレッテルを貼られ、個別的、特別な支援の大義の下、普通学校から排除される。その結果「個別支援重視」「ニーズに合わせた」「専門的教育」が教育現場で求められ、特別支援学校が過大規模化している状況が生まれている。[6] 鈴木文治はこのような状況について、「特別支援学校の過大規模化の背景に、保護者の通常の学校に対する期待感の欠如が読み取れる」としている（鈴木、二〇一〇、六〇頁）。

このような排除型社会への移行は、確実に学校現場に波及しており、子ども問題（子どもの荒れや規範意識の低下）がクローズアップされればされるほど、その動きは加速していくことになる。

次節では、ゼロトレランスとそれに伴う排除型社会への移行がどのような影響を子どもに及ぼすのかについて整理する。

第二節　ゼロトレランス的生徒指導の影響

1　ゼロトレランスの広がりの背景についての検証

近代的な学校教育の在り方が相対化されていく中で、以前のような教師の尊厳、生徒らしさ、学校の地位などの在り方にも変化が起き、その中で様々な「問題」と言われるような現象が顕在化するようになってくる。いじめ問題、学級崩壊や不登校はその代表と言える。

前節で出したような子ども問題は、その流れの中で生み出されてきたと言ってよい。その一方で、学校の権威の回復、子どもの規範意識の向上などの声が社会的に高まりを見せるようになる。九〇年代後半より、新自由主義的な教育の流布とともに、逸脱する子ども、規範意識の低い子どもに対する処遇を巡る議論が盛んに行われ始める。

他の児童に危害を加える子ども（いじめ加害者を含む）、学校におけるルールや決まりを守れない子ども、さらには授業や集団活動についていけない子ども、さらにはコミュニケーション能力の低い子どもまでが処遇の対象となり、場合によっては排除されることにもなる。確かに、まじめな子どもたちの学習権の保障という観点からすればゼロトレランス方式は有効のように見えるが、一方で課題も多い。

山田・桑原はその弊害として以下のように指摘する。近年、ゼロトレランス導入への批判が大学関係者、弁護士や保護者等から起こり始めており、その内容は情状酌量のない厳格な処罰を肯定するゼロトレランスに対して教育的効果を疑問視するものである。つまり、強制的な必罰指導よりも、子どもが自己有用感を感じられるような手立てや、自己決定意識をもち、自己決定行動をしながら進むべき道を温かく見守り示唆を与えていく関わりのほうが、より自律的に社会的適応と自己実現の両方を満たし、より良い人間関係を構築できる力を育むのではないかというものである。

日本におけるゼロトレランスの全国導入は、子どもへの管理強化を増幅し、指導基準に従わせ、守れない場合には、罰を累積的に与えていく一貫した指導を展開できる。生徒指導での指導基準が明確に設定されれば、「誰でも」「どこでも」「ブレることなく」一律に指導でき、表面的には問題事象は減るという即時的効果はあるだろう。しかし、一方で山田・桑原は以下の点も指摘している。規則に違反した子どもには寛容さなしで対処し（高等学校：停学処分、小中学校：出席停止）システマティックな罰則規定に従って責任を取らせる指導が[7]、子どもの自信を喪失させ、教師の顔色をうかがいながら「びくびく」過ごすような状況も生み出す可能性をはらんでいる。その一方で、実際には教師の顔色に敏感に反応しながら行動し、「バレなければいい」といった行動規範のダブルスタンダードが生じるだろう。

正式にゼロトレランス方式の導入の検討がされ始めたのは二〇〇〇年代に入ってからだが、それがなされる下地はそれ以前からあったということは言える。近代主義的な管理教育に加え、メリトクラティックな学歴主義はいまだに根深く存在している。「ゆとり教育」への揺れ戻しなどが度々あったとしても戦後教育の傾向性として、ゼロトレランス方式が入り込みやすい土壌が日本にはあったと言える。

では、このようなゼロトレランス方式を以て対応すべき子ども問題とは一体何であろうか。ここでは、子どもの規範意識の低下などと関連して語られる代表的な子ども問題である「いじめ」「校内暴力」「不登校」についての状況を整理し検証する。

（1）いじめ

いじめの認知件数は増加しており、平成二十五年度の調査では小学校で一一万八八〇五件と前年度に比べ一四二一件増えたが、中学校では八三八六件減の五万五二四八件、特別支援学校では四九件減の七六八件である。高校ではこの調査より通信制課程を調査対象に加えたが、それでも五二三五件減の一万一〇三九件となっている。小学校においては、この時最多を記録し、いじめ対策の急務を世間に訴えかけるものであった。ここで、注目したいのは、いじめ件数はその認知が問題であるという点である。つまり、実際のいじめの定義によって、認知件数も変化することになるということである。その意味で、いじめそのものの件数が増えたというよりも、いじめと認定される行為の件数が増えたというほうが妥当であろう。

それだけ大人が子どもの人間関係にこれまで以上にきめ細かに注目しており、他人に対するささいな嫌がらせなどにも目を光らせるようになったということであろう。それによって、被害にあっている子どもに対する救いの手が差し伸べられる機会が増えたことは良いことだろう。しかし、一方では神経質なほど、子どもの関係性に大人の監視の目を光らせていなければならなくなっている状況にあるとも言える。

これは学校の中の流れというより、社会状況によるところが大きいと考える。学校自体が評価の対象となり社会的監視対象となっている背景において、子どもに対する監視は単に「いじめられているかわいそうな子どもをなくしたい」という思いによるところだけではなく、むしろ学校でそのような不祥事を起こすことによる様々な反動（社会的バッシングや教員・学校評価）を恐れることによる予防的処置であると言える。このように考えれば、社会としてのゼロトレランスな態度が子どもの関係性の監視の強化につながっていると言える。

（2）校内暴力

学級崩壊や校内暴力についてはどうだろうか。文部科学省の二〇一三（平成二十五）年度の子ども若者白書では、学級崩壊に関する数値的なデータはないが、校内暴力の発生件数は特に中学校で増加

図1　校内暴力の発生件数

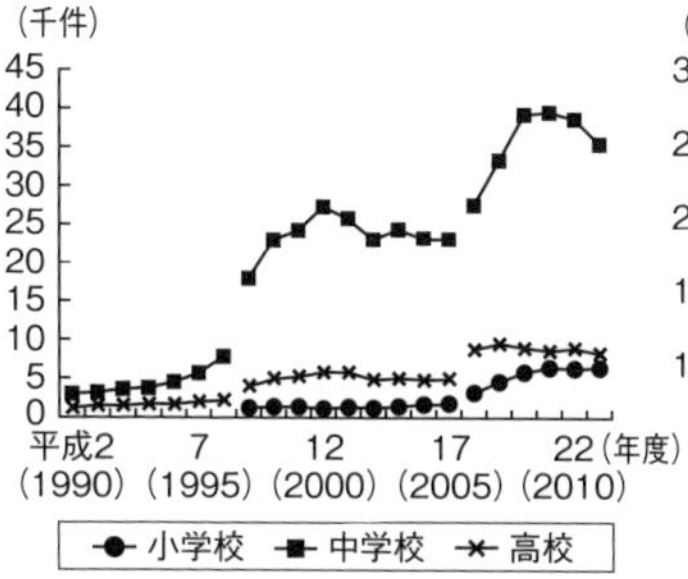

図2　2011年度の学年別加害者（構成割合）

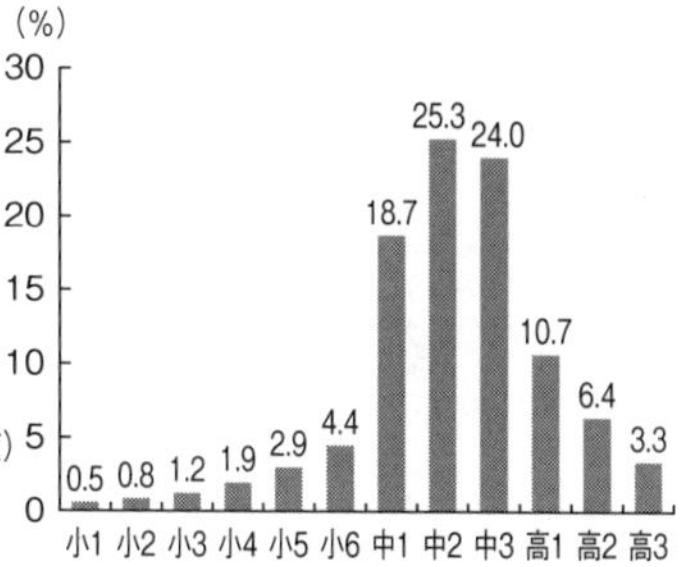

（出典）文部科学省『児童生徒の問題行動等生徒指導上の諸問題に関する調査』
（注）1 平成9年度から調査方法などを改めている。
2 調査対象は、平成8年度までは公立中・高であり、平成9年度から公立小学校が、平成18年度からは国私立学校が追加されている。
3 中学校には中等教育学校前期課程も含む。

している点を指摘している。警察が取り扱った校内暴力事件も増加しており、教師に対する暴力が約半数、となっている。学校内における暴力行為の発生件数は、高校では横ばいである一方、小学校と中学校では増加しており、特に中学校での増加が顕著である。二〇一一年度には、小学校で六六四六件、中学校で三万五四一一件、高校で八三一二件となっている（図1）。加害者を学年別にみると、中学校二年生が二五・三％、中学校三年生が二四・〇％を占めている（図2）。

警察が取り扱った校内暴力事件による検挙・補導人員は増加しており、二〇一二年には一六〇八人となっている。中学生が全体の約九割を占めている。教師に対する暴力事件による検挙・補導人員は増加してきたが、二〇一二年は前年から減少し、七一四人となった（図3）。

九〇年代以降のデータを見れば、中学校の件数の増加は顕著だが、それ以外は横ばいといった状況である。ここ数年の傾向を見れば、中学校における件数も減少しつつあるが、発達段階における反抗期と重なるところが大

図3　校内暴力事件の検挙・補導人員

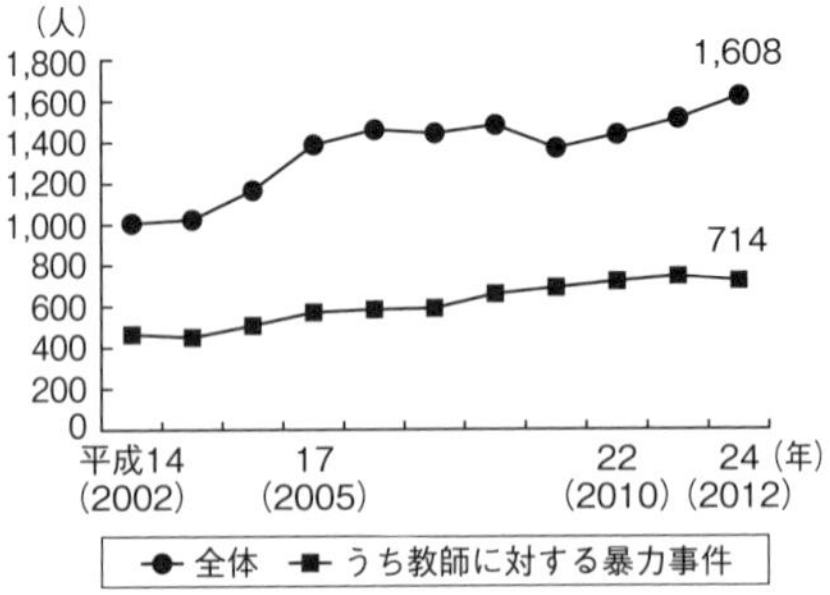

（出典）警察庁『少年の補導及び保護の概況』
「少年非行情勢」

（注）ここでいう「校内暴力事件」とは、都道府県警察で小学生、中学生又は高校生の犯罪（触法行為を含む。）を検挙又は補導した事件のうち、「学校内における教師に対する暴力事件・生徒間の暴力事件・学校施設、備品等に対する損壊事件」をいう。ただし、犯行の原因、動機が学校教育と密接な関係を有する学校外における事件を含む。

きいと考えられる。これだけを見れば、ゼロトレランス方式を過剰に導入して対処すべき状況にあるとは必ずしも言えないが、いわゆる「荒れている学校」においてそのような方式が有効に働く場合はあるだろう。一方で、この校内暴力についても認知の問題もあり、実際の件数と認知件数にも開きがあるだろう。子どもの荒れや犯罪の低年齢化といった言説が認知件数の増加に関連があると考えられ、これもまた、社会的な子どもに対する目線（厳しくも温かい？）の厳しさを示すものでもあると言える。

（3）不登校

不登校については、子ども若者白書では、不登校児は一九九〇年代に中学校を中心に増加した。近年は、小学校ではほぼ横ばい、中学校では減少傾向、高校では増加傾向にあり、二〇一一年度には、小学校では二万二六二二人（全体に占める割合〇・三三％）、中学校では九万四八三六人（同二・六四％）、高校では五万六二九二人（同一・六八％）である（図4）。学年別の構成割合をみると、中学校二年生と三年生で全体の四割強を占めている（図5）。

図4　不登校児の推移

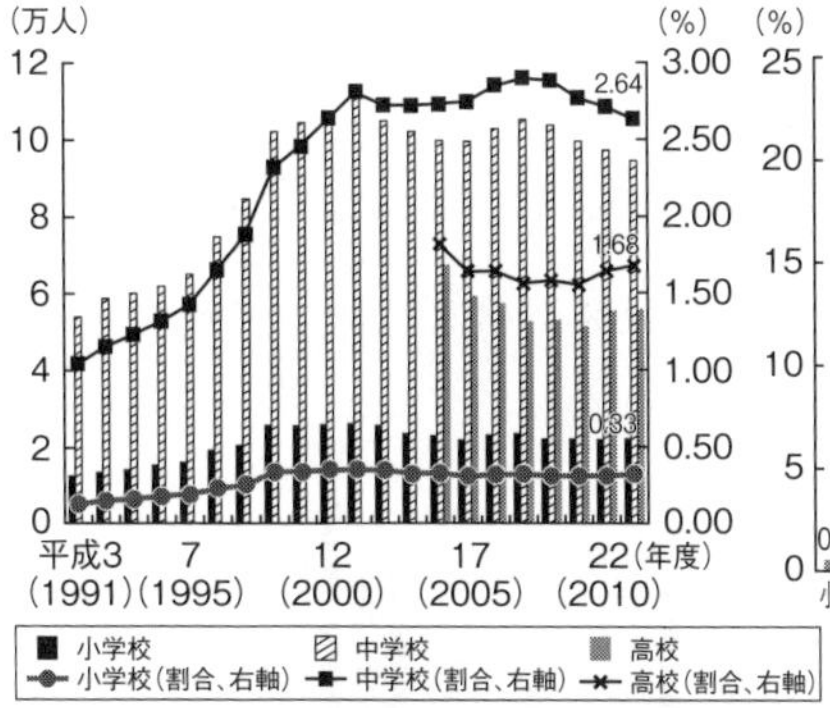

図5　不登校児の学年別構成割合（2011年度）

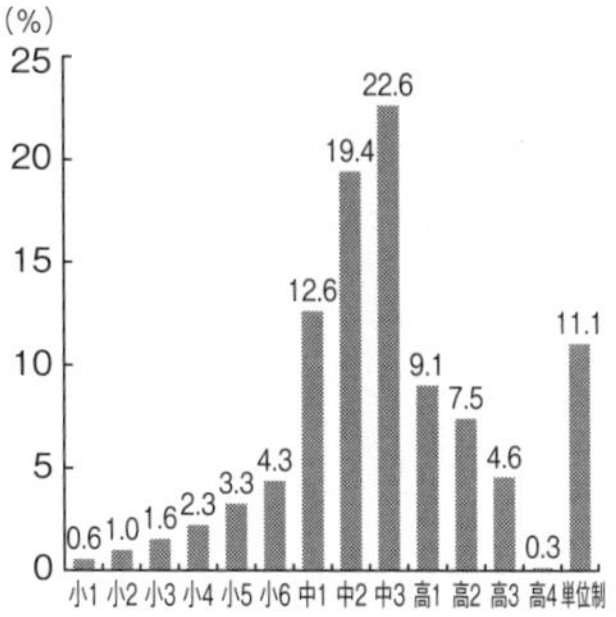

（出典）文部科学省『児童生徒の問題行動等生徒指導上の諸問題に関する調査』

（注）1　ここでいう不登校児とは、年度間に連続又は断続して30日以上欠席した子どものうち不登校を理由とする者。不登校とは、何らかの心理的、情緒的、身体的、あるいは社会的要因・背景により、子どもが登校しないあるいはしたくともできない状況にあること（ただし、病気や経済的理由によるものを除く）をいう。

2　調査対象は、国公私立の小学校・中学校・高校（中学校には中等教育学校前期課程を含む）。高校は平成16年度から調査。

不登校児が在籍している学校は、小学校全体の四三・八％、中学校全体の八五・一％、高校全体の八二・六％となっており、中学校・高校ではほとんどの学校に不登校児が在籍している（表1）。

不登校となったきっかけは、小学生では「不安など情緒的混乱」「無気力」「親子関係」が多く、中学生・高校生と比べると、家庭に係る状況が相対的に多い。中学生では、「不安など情緒的混乱」と「無気力」が並び、「友人関係をめぐる問題」「あそび・非行」が続く。高校生では、「無気力」が最も多く、次いで、「不安など情緒的混乱」「あそび・非行」となっている（図6）。

以上のデータから不登校児は小中高のばらつきはあるが、ある程度の高い割合で推移していると言える。そのきっかけとなった理由をみる限り、主体的な理由（オルタナティブスクール

表1　不登校児が在籍する学校（2011年度）

	不登校児在籍学校数(校)	全学校に占める割合(%)
小学校	9,518	43.8
中学校	9,191	85.1
高校	4,639	82.6

（出典）文部科学省「児童生徒の問題行動等生徒指導上の諸問題に関する調査」

図6　不登校になったきっかけと考えられる状況（2011年度）

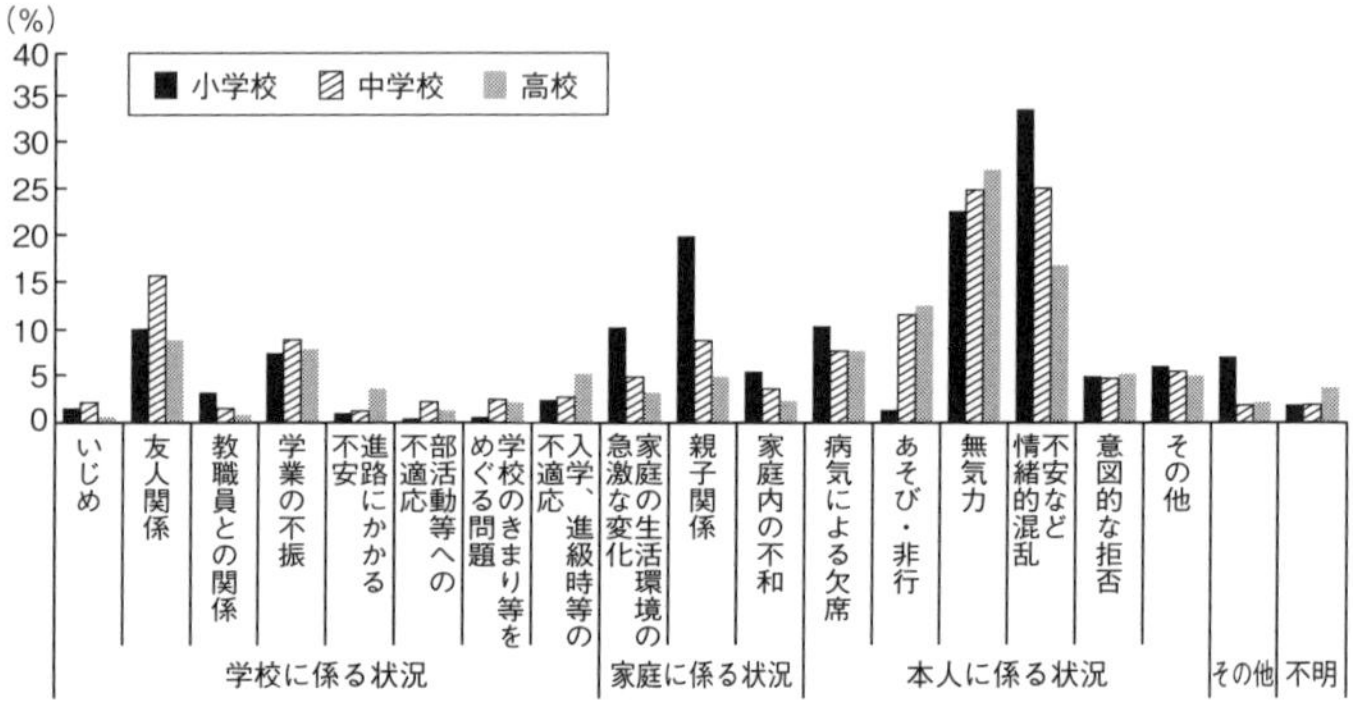

（出典）文部科学省「児童生徒の問題行動等生徒指導上の諸問題に関する調査」
（注）不登校児数に対する回答割合（複数回答可）。

を自ら選んだ）は少なく、基本的に学校への不適応が大きな理由となっている。特に、無気力や不安などの内面的な要素が高い割合を占めている。

以上三つの子ども問題として「いじめ」「校内暴力」「不登校」について、データを交えて整理したが、確かにいじめや暴力の被害に遭っている子どもに対しては、その対応は急を迫られているだろう。しかし、ゼロトレランスが導入された当時のアメリカと同様な危機的な状況に至っていると言えるかは疑問である。アメリカで問題とされた校内暴力やドラッグなどの状況と、今の日本が問題としている状況には現象面においてかなり大きなギャップがあるということは言うまでもなく、ゼロトレランス方式導入の必然性はあるとは言えない。

2 マニュアル化する生徒―教師関係

学校現場では様々な問題を抱えていることは事実であり、それらをどうにかしなければならないと思っている教師、保護者、また地域の人々がいる。また、そのような人たちからの救いの手を待っている子どもたちがいることも事実だろう。

しかし、一方で学校の様々な問題に対して、すべての生徒の豊かな学校生活を保障するものとして機能すべき生徒指導の方針が、ゼロトレランス的な方向にシフトしていることは果たしてどうなのか。ゼロトレランス方式の見落としている点を、山田・桑原（一五頁）は「ゼロトレランスに欠落している部分は、失敗や弱さから学べるトレランスがないことであり、子ども自らの力と意思で自己決定しながら行動する自治的（自律的）な活動の端緒を阻害することである」とした上で、子ども同士での「何故いけないのか」「どうしたら良いのか」といった規範を学ぶような機会をも奪ってしまう点を指摘している。

さらに、次の点についても指摘している。一つは、自己決定感の育ちを阻害するという点である。その結果、「自分の勝手・個人の自由という考えを道徳領域や慣習領域へも適用し、反社会的行動や大人への反抗心を生み出している可能性」があり、「本来ならば個人の判断に委ねられている個人領域まで他者の判断や決定を優先させようとするかもしれない」と述べている。また、内発的動機づけのデシを通して、ゼロトレランスな生徒との関わりは、有用感や自己肯定感を感じられない活動を生み出し、内発的動機づけを促すことができず、学校生活において満足する活動が行えなくするものである点も指摘している。

無気力な子どもや、主体的活動の衰退などの減少とゼロトレランスな生徒指導の相関についてははっきりは分からないが、そのような機会を奪いかねない方式であることは確かである。失敗や葛藤などを繰り返す行為を問題行動として対処する方式は、子どもの挑戦する活動を阻害するジレンマを抱えることになる。子どもの挑戦や初めての取り組み、主体的な活動には失敗や葛藤はつきものであるが、それを通して、様々なことを学ぶ。規範意識そのものについても同じように言える。

筆者が以前観察したプレーパークで次のような場面があった。プレーパークは子どもが自分の責任で自由に遊ぶことを保障された遊び場である。そのプレーパークにある滑り台で多くの子どもが遊んでいた。学齢期前の小さい子どもが多く、やや高い滑り台なので、通常の公園だと見守りの大人が、順番を守らせ、前の子が滑り切ったら、次の子どもを滑らせるというような整理役を務めることになるだろう。しかし、その場では子どもだけしかいない。よく見ると、順番を守れない子どもがいたり、滑り台を下から登るのを楽しむ子どももいる。この逆走する子どもなどは、普通の公園であれば、大人に「危ない」と注意されてしまうだろうが、そこでは注意する大人はいないので〝逆走〟を楽しんでいた。たくさんの子どもが勢いよく滑るので確かに危険である。案の定、滑ってきた子どもと衝突した。痛そうにしながらも、また滑り台で遊び始めるが、二度と逆走の遊びはしなかった。この逆走した子どもは、大人に前もって「危ない」と注意されるより、痛い思いはしたが、「順番を守ることの意味」「皆で楽しむ場合のマナーの重要さ」をおぼろげながら学んだであろう。

子どもは大人の予測通りには動かない。しかし、学校という場を維持するために、子どもの予定外の動きを先に読んで、困った行為を封じていくということが運営上必要であることも事実である。そのために一定のルールや校則が存在する。しかし、子どもの生み出す予想外の活動の中にこそ大きな学びの機会や教育的意義が多分に含まれている可能性を誰も否定できないであろう。問題を起こす子どもたちそれぞれを同じカテゴリーに押し込め指導しようとする方式は、子どもの自律性の育ちを阻害し、主体的に何かに取り組むという意欲を奪い、無気力で受動的なシニシズムに冒された子どもを生み出す危険を大きく孕んでいる。

次節では、このようなシニシズムをより蔓延させかねないゼロトレランス的な方式に対する形で、ユーモアの教育的意義について考えてみたい。

第三節　ユーモアとの関連と意義

1　ゼロトレランスの問題性

子ども問題に対しては、子どもに寄り添う、心のケアなどの、対話を重視した方向性はある。教師に求められる資質にカウンセリング・マインドが位置づけられているように、「子どもの声を聞く」ということが教育の現場で大切にされている。しかし一方で、社会全体の雰囲気、学校を取り巻く状況からも、子どもの問題行動に対して寛容性のない厳罰主義を重視した指導を進めようという雰囲気は高まりをみせている。この寛容性のないゼロトレランス方式についての問題性は前節で触れてきた。

ここではこの著書の主題でもあるユーモアとの関連について考える。第Ⅰ部でも触れてきたが、学校教育における規範、学校的価値が一九八〇年代以降崩れていく中で、多様化し、これまでのような教育活動が維持できなくなってきた。その中で、学級崩壊、校内暴力、モンスターペアレント、学力問題などの、様々な問題が言説として溢れていくことになる。また、都市化や核家族化、地域のつながりの希薄化などが、地域における学校の役割機能に集中化を招く。結果、教師の仕事（雑務）は増大し、学校は過剰な期待と厳しい監視の目にさらされる。学校・家庭・地域いずれにおいても、窮屈で息が詰まるような、お互いが監視し合う緊張感を抱えた状態として今日に至っている。さらにはグローバリゼーションに伴う新自由主義がその背景に強く影響を与えている。子どもに対する自己責任論は、子育てをする親たちに「良い子どもに育てよ」という無言のプレッシャーを与えることになる。

もともと、中央集権的な日本の教育には柔軟性のなさが指摘されてきたが（古山、二〇〇六）、よりそれを発揮しにくい状況に陥っている。授業の内容としてより柔軟な志向が求められるアクティブ・ラーニング[8]が志向されてきている反面、子どもの問題行動や生徒指導、関わりなどの学校での生活態度は寛容性のない方向に進まざるを得なくなってきている。この点で言えば生徒指導についても、ゼロトレランス方式では教師の独自性（飴とムチのバランス）など発揮できなくなる。マニュアル化が進み、誰が行っても変わりない生徒指導が求められている。このような方向性は、第Ⅰ部第二章で論じた、「学校的価値の相対化」「自他関係の肯定」を重視するユーモア的態度とはまさに正反対なものであり、シニシズムに直結するものであると言える。

以上のことから、無気力、指示待ち、受動的なシニシズムに冒された子どもと、ゼロトレランス的な方式は関連し合っていると言えるだろう。その意味で、ユーモア的態度という視点を以て、シニシズム・子ども問題・子どもを取り巻く状況に向き合っていく意義は大きいと考える。

2　今求められるユーモア的態度

ゼロトレランス方式が導入されるに至った背景についても触れてきたが、子どもの規範意識が低下、犯罪の低年齢化、いじめ、学校の荒れ、といった言説が事実がどうであれ問題として一般的に受け入れられていることは間違いない。加藤十八（二〇〇九）は、学校の生徒指導の在り方と、カウンセリング・マインドの相容れなさを主張している。子どもの規範意識の低下は、「ならぬものはならぬ」という指導を行いにくい環境によるところが大きいところを指摘している。

教育のスタンダリゼーションが起こる中で、教員や学校に対しての評価が拡大し、以前のような「自由な取り組み」が実質的には行いにくい（特に中等教育の現場ではそうだろうが）。ゆとりか学力かというような大きな揺れ動きはあるものの、文科省を中心にした教育の中央集権化はますます進んでいる。その文科省が二〇〇七年にこのゼロトレランス方式の導入の検討を現場に求める報告を出している。その結果、ゼロトレランス的な方式が現在でも様々な形となっている（プログレッシブディシプリンなど）。

教員評価や学校評価とゼロトレランス方式が結びつくことによって、教師による生徒指導の主体性そのものが奪われてしまう可能性がある。マニュアル的な指導を求められてしまうからである。このような教育活動では、学校的価値と遠い位置にあるもの、学校・教師が笑えないもの、子どもたちが生み出す面白いものは教育的意義のないものとして無視されてしまうだろう。本書は、これらのもの（学校的価値を相対化し、教師―生徒間の関係性によって生み出されるもの）の教育的意義を再確認しようというのが目論見である。その部分の意義を見出す視点こそユーモア的態度である。そして、このユーモア的態度の意義を確認する意義は今という時代にこそあるのではないだろうか。

第二章以降では、教育現場での事例を基に話を進めたい。

注

1　もともとはフランスで生み出された言葉と言われている。主要な社会関係から特定の人々を閉め出し、社会の中心部への参画を難しくさせている状態のこと。

2　耳塚（二〇一四）は、親の富と願望（学歴期待）が子どもの学力を規定している点を指摘している。

3　『知恵蔵』（二〇一五）より。

堅実で高望みをしない、現代の若者気質を表す言葉。インターネットの掲示板「2ちゃんねる」で生まれ、広まった。一九八〇年代半ば以降に生まれ、主に二〇〇二～一〇年度の学習指導要領に基づく「ゆとり教育」を受けた世代に当たる。

具体的な特徴として、「車やブランド品に興味がない」「欲がなく、ほどほどで満足する」「恋愛に淡泊」「海外旅行に関心が薄く、休日を自宅やその周辺で過ごすことを好む」「節約志向で無駄遣いはしないが、趣味にはお金を惜しまない」「様々な局面に合わせて友達を選び、気の合わない人とは付き合わない」などが挙げられる。

この世代は、高度成長期後のモノが十分に行き渡っていた時代に生まれ、物心ついたときにはバブルが崩壊し、不況しか知らない。一方で、情報通信技術の進歩とともに、当たり前のようにインターネットに触れてきた。このように成熟した時代に多くのネット情報に触れるなかで、彼らは現実的な将来を見通して悟ったようになり、無駄な努力や衝突を避け、過度に期待したり夢をもったりせず、浪費をしないで合理的に行動するようになった、と見られている。

このような若者の生活スタイルや消費動向は、『欲しがらない若者たち』（山岡拓著、日本経済新聞出版社、二〇〇九年）、『「嫌消費」世代の研究』（松田久一著、東洋経済新報社、二〇〇九年）などで指摘されてきた。（原田英美、二〇一三年）

4　国立教育政策研究所生徒指導研究センターが二〇〇六（平成十八）年に出した『「生徒指導体制の在り方についての調査研究」報告書――規範意識の醸成を目指して――』の中での事例

【段階的指導（プログレッシブディシプリン）の事例】

段階的指導とは、大きな問題行動に発展させないために、小さな問題行動から、曖昧にすることなく注意をするなど、段階的に指導をする方式である。この指導方式は、アメリカで広く実践されているゼロトレランス（直訳すれば「寛容ゼロ」ということだが、各学校現場では、「安全で規律ある学習環境」を構築するという明確な目的のもとで、小さな問題行動に対して学校が指導基準にしたがって毅然とした態度で対応するという理念をさす）と深く関わっている。

段階的指導の具体例としては、わが国でも以下の事例が見られる。

【中学校での事例】

ある中学校では、あらかじめ周知していた指導方針に基づいた指導の中で、違反切符を交付するという方式を行ったことがある。生徒の一週間の違反点数を合計し、合計点数に応じた指導を翌週の月曜日に行い、指導が終われば違反点数はゼロになるという段階的に指導をする方式を実施した。この指導方式の目的は、

図1　特別支援学校数・在籍者数　政府統計の総合窓口より引用

区分		学校数					在籍者数				
		計	国立	公立	私立	計	国立	公立	私立	男	女
19	2007	1,013	45	954	14	108,173	3,063	104,293	817	69,882	38,291
20	2008	1,026	45	966	15	112,334	3,062	108,456	816	72,812	39,522
21	2009	1,030	45	971	14	117,035	3,070	113,155	810	75,984	41,051
22	2010	1,039	45	980	14	121,815	3,054	117,968	793	79,224	42,591

次の二つである。

基本的生活習慣の定着を目指し「ダメなことはダメ」という規範を教え、善悪の区別できる判断力を養うとともに、自分の行動に対して自分で責任をとるという社会人としての基本を実践で学ばせる。

教師、あるいは、問題行動の内容によって指導方法が変わるのではなく、誰が行っても同じ対応をして、教師の指導に不信感を抱かせないようにする。

また、違反行為の回数にしたがって、指導内容も異なるが、このような方式と指導基準、そして指導内容までも事前に周知し、公正に運用した結果、授業を受ける態度や遅刻に関しては違反の減少傾向が短期間で顕著に表れ、学校全体で規律ある学習環境が構築できた。

5　レヴィ＝ストロースは『悲しき熱帯』の中で、二つの社会を「アントロポファジー（人間を食うこと）の慣行をもつ社会、すなわち脅威となる力をもつ個人を食ってしまうことがその力を無力にし、さらに活用しさえするための唯一の方法であると見做している社会と、われわれの社会のようにアントロペニー（人間を吐くこと）と呼び得るかもしれないものを採用している社会」と表現している。

6　図1　特別支援学校数・在籍者数　政府統計の総合窓口より引用

7　注4参照

8　文部科学省「新たな未来を築くための大学教育の質的転換に向けて～生涯学び続け、主体的に考える力を育成する大学へ～（答申）平成二十四年八月二十八日中央教育審議会、三七頁より教員による一方向的な講義形式の教育とは異なり、学修者の能動的な学修への参加を取り入れた教授・学習法の総称。学修者が能動的に学修することによって、認知的、倫理的、社会的能力、教養、知識、経験を含めた汎用的能力の育成を図る。発見学習、問題解決学習、体験学習、調査学習等が含まれるが、教室内でのグループ・ディスカッション、ディベート、グループ・ワーク等も有効なアクティブ・ラーニングの方法である。

学習指導要領の全面改訂の目玉の一つとなっている。

参考文献

岩田正美（二〇〇七）『現代の貧困――ワーキングプア／ホームレス／生活保護』筑摩書房。

岩田正美（二〇〇八）『社会的排除――参加の欠如・不確かな帰属』有斐閣。

加藤十八編著（二〇〇六）『ゼロトレランス――規範意識をどう育てるか』学事出版。

加藤十八編著（二〇〇九）『ゼロトレランスからノーイクスキュースへ――アメリカの最新教育事情に学ぶ日本教育再生のカギ』学事出版。

小坂啓史（二〇〇五）「社会的排除と包摂についての社会意識的基盤――排除と対象と社会政策意識に関する実証的研究」『愛知学泉大学コミュニティ政策学部紀要』八、九三－一一二頁。

嶋﨑政男（二〇〇七）『生徒指導の新しい視座――ゼロトレランスで学校は何をすべきか』ぎょうせい。

鈴木敏正（二〇〇〇）「社会的排除に取り組む『協同の教育』の構造」『社会教育研究』一九、一－一九頁。

曽和信一（二〇一〇）「社会的インクルージョンについての一考察」『四條畷学園短期大学紀要』四三、四一－五六頁。

『知恵蔵』（二〇一五）朝日新聞社。

内閣府（二〇一三）『平成二十五年度版　子ども・若者白書』。

日本子ども社会学会研究刊行委員会編（二〇一三）『子ども問題事典』ハーベスト社。

古山明男（二〇〇六）『変えよう！　日本の学校システム　教育に競争はいらない』平凡社。

ベネッセ教育開発センター（二〇一四）『小中高生の学びに関する実態調査［2014］』。

耳塚寛明編（二〇一四）『教育格差の社会学』有斐閣。

民主教育研究所編（二〇一五）『季刊　人間と教育』旬報社。

森田洋司監修（二〇〇九）『新たなる排除にどう立ち向かうか――ソーシャル・インクルージョンの可能性と課題』学文社。

レヴィ＝ストロース著／川田順造訳（二〇〇一）『悲しき熱帯Ⅱ』中公クラシックス。

山田潮・桑原清（二〇一〇）「毅然とした態度で厳罰化を推し進める生徒指導の位相について――ゼロトレランス理論の限界」『北海道教育大学紀要（教育科学編）』第六〇巻第二号、一三一―一二八頁。

ヤング、ジャック著／青木秀男・伊藤泰郎・岸政彦・村澤真保呂訳（二〇〇七）『排除型社会――後期近代における犯罪・雇用・差異』洛北出版。

第二章　子どものふざけに対するユーモアの実際

枝廣直樹

第一節　劇の演出家兼役者になろう

本章では、小学校の教室（私の担任していた学級）において、子どもの発言により笑いの起こった事例を取り上げ、教師のユーモア的態度の在り様を明らかにする。特に子どものふざけに注目する。

私は教室において自由作文（注1）という実践に取り組んできた。自由作文は主題を決めずに書いてきたことを発表するスピーチであり、子どもの生活の中にある興味・関心を教室全体に広げ、個々人で深めていくことを主な目的としていた。自由作文は形式や内容にしばりが少ない分、これまでの学校的価値観の枠内では捉えることのできない発表や質問が多くなる。また、そうした場面では自然と自他関係が焦点化されてくる。本章では、子どものふざけが見られる事例を検証し、教師のユーモア的態度とはどういったものになるかを考察する。また、実際の学校現場において、学校的価値観の相対化、自他関係の肯定とはどういったものになるかを示す。

私が実際に以下にあげる実践をしていたときには、（似たような思いはあったが）はっきり学校的価値観やら自他関係やらを意識して行っていたわけではなかった。本章は、三好や平野の言う説に、私の実践を照らし合せてユーモアについて私なりに考えたものである。そのため、実践をしていた当時は、これでいいのか、どうなのか、迷いながらの部分も大いにあった。読者の方も、私と同じように、これでいいのか、どうなのかと疑いながら読んで、ユーモアについて考えるきっかけとなっていただければと思う。

私は本章において、教室を劇場に喩えようと思う。授業は劇である。教師も児童も劇の演出家であり役者でもある。(2) 教室にいる人みんなで劇を作るイメージである。学校的価値の比喩として舞台(従来の舞台の在り方)を用いる。学校的価値の絶対化と言えば、従来の舞台(古典劇)の在り方しか受け入れられない状態を指す。学校的価値の相対化と言えば、舞台の形や大きさ、台詞の種類など、現代の劇の多様な在り方を受け入れる状態を想像してほしい。ここでの子どものふざけは、従来の舞台の在り方から逸脱した状態(台本にない台詞を言ったり、スポットライトで遊んだり、舞台の下から発言したり)を指す。また、自他関係の比喩としてスポットライトを用いる。自他関係の否定と言えば、スポットライトを巧みに避け、暗やみに隠れる様子を指す。自他関係の肯定は、逆に、スポットライトに積極的に入っていき、他の演者との関係をもとうとする様子を想像してほしい。こうした比喩を元に、先に本章における結論を端的に言ってしまえば、もっと多様な劇の形があっていい、ということである。以下、事例を見ながら詳しく見ていきたい。

ここで喩えについて一気に説明しても摑みづらいと思われるので、読みながら喩えを当てはめ、教室におけるユーモアを考える一助となればよいと思う。また、比喩として完璧なものではないであろ

ユーモア的雰囲気のない教室

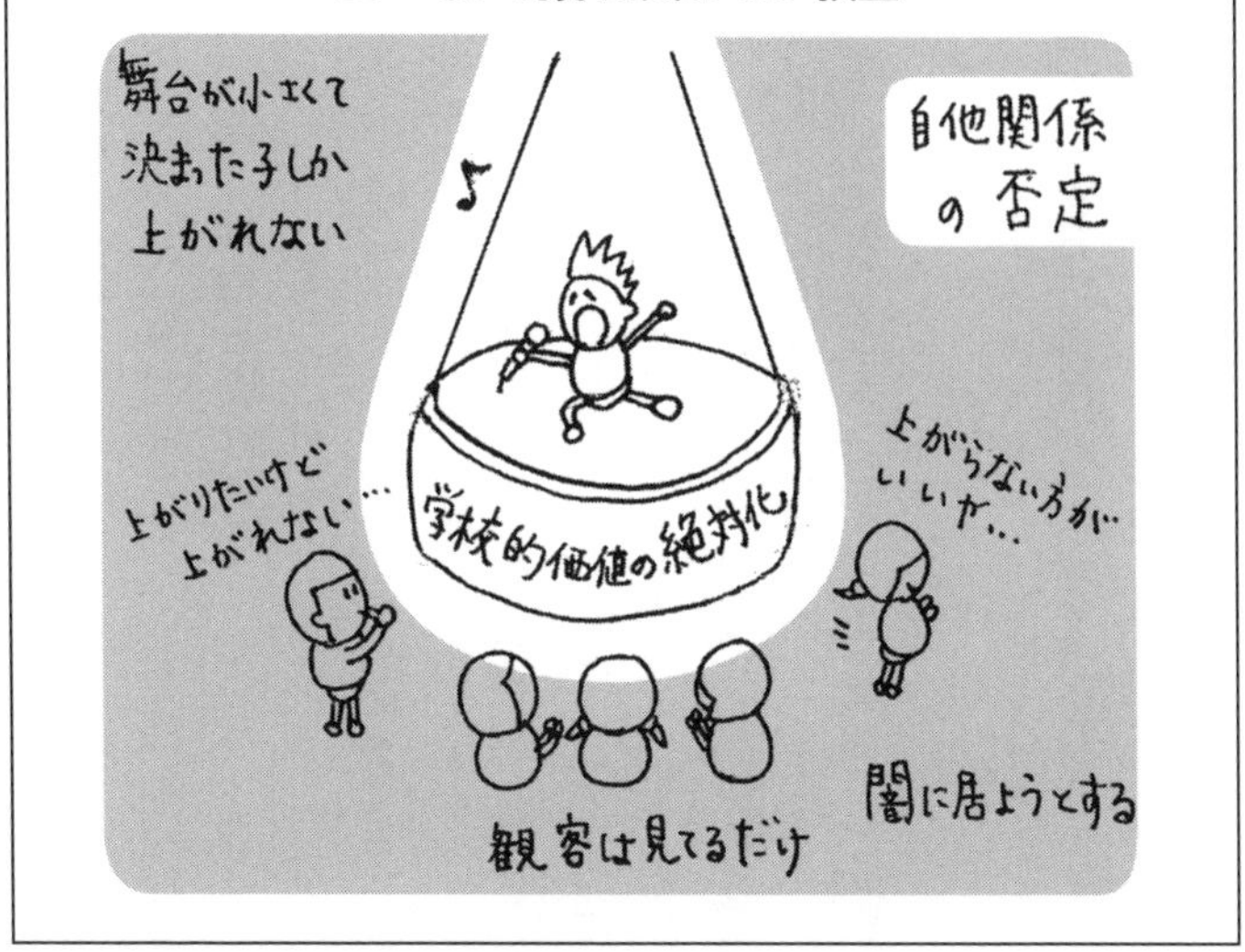

ユーモア的雰囲気のある教室

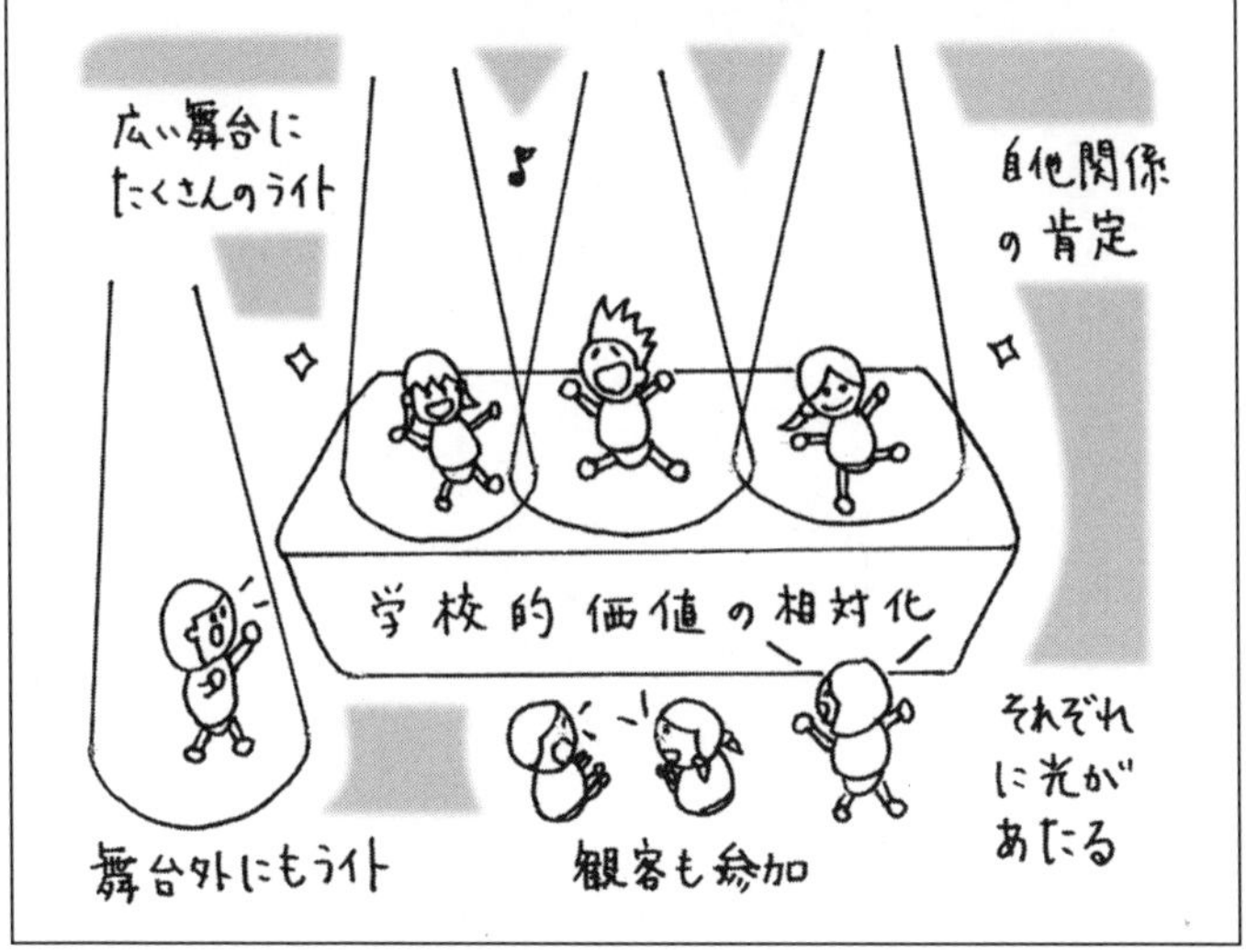

うし、プロの演出家や劇団員の方が読んだらどうかという部分もあるかもしれないが、どうかお許しいただければと思う。

第二節　舞台を広げよう

初めに、スピーチの内容について考察する。日本の学校現場では伝統的に「一分間スピーチ」「三文スピーチ」などとして、形式にこだわったスピーチをしてきた。教師が内容を予め提示し、そのテーマに沿ったスピーチをすることも多いだろう。質問もスピーチの内容を深めるためにあえて制約を加える場合が多い。そうしたスピーチが全て悪いわけではないが、私は舞台が固定化されすぎているきらいがあるのではないかと感じている。お立ち台のように舞台が狭すぎたり、決まりきった形の舞台しか用意されなかったりすることが多いのではないだろうか。そうなると舞台に立つ児童が限られてきて、多くの児童が観客になってしまう。今までより広い舞台を考えることで、舞台に上がる児童が増えることも考えられるようになってくるのではないだろうか。朝のスピーチの様子を例に考えてみよう。

【例1】　正月に実家でおせちを食べた話（小六、Mのスピーチ）
（以下、特に断りのない場合、C＝子どもの発言、枝＝教師の発言、（笑）＝教室に笑いが起きたことを示す。）

一月二日と三日に、お母さんの実家の奈良にいきました。一二時くらいについたので、すぐにおせちを食べました。次にぼくの二歳のいとこが来ていたので一緒に遊びました。その日の晩御飯も同じおせちでした。夜一二時くらいに寝て、朝七時におきました。一日目とほぼ同じような感じで一日過ぎました。その日の三時くらいに車で家に帰りました。

スピーチに対しての質問

C　二歳のいとこは何かしゃべりますか？

M　はい。

C　なんてしゃべりますか？

M　ゴミ収集車のことをポイブーブーといいます。

（笑）

ここでは、スピーチに対する自然な回答として笑いが起きている。子どものふざけは起きていないと考えてよいだろう。ただ、「二歳のいとこがしゃべるかどうか」は、スピーチの主旨とは関係がなく、質問者の嗜好が関与している。学校ではとかく型にはまりやすく、内容まで規定した質問が推奨されがちである。舞台が狭いのである。教師の意図する内容だけを許すスピーチでは、教師の気に入る質問のみをする子どもを育てる。第一章で見たように、こうしたゼロトレランス（毅然たる対応）な態度は、子どもの自律的活動を阻害する可能性を秘めている。教師のユーモア的態度として、まずはこうしたところ、舞台の大きさを意識するところから始めてみたい。

【例2】家族げんかの話（小四、Mのスピーチ）

前にとうさんが芸能人見たって言ってて、ビデオで撮ったって言ってて、見たらビデオは「ざー」ってなってて、映ってなかったから、父さんが母さんにオラーってやられて「やられました」って言ってて、ぼくは父さんの味方して、姉ちゃん殴ってきたから殴り返して、姉ちゃんがTVにゴツンってなって、最終決着はぼく対母ちゃんになって、やられた父ちゃんと姉ちゃんが「いけいけー」って言ってて、ぼくは母ちゃんにやられて、姉ちゃんが頭ぶつけたTVにぼくがゴツっとなって、「やられましたー」って言ったら、父さんが「くっそー」って言って父と母はまたケンカになりました。そしたら男対女みたいになってぼくが姉ちゃんの好きな芸能人の写真をビリビリってしたら、姉ちゃんいかって「おらー」ってつっこんできて、ぼくがよけたら姉ちゃん自分の部屋につっこんでいってタンスのとこにあった布団に「バコーン」ってなったので、「あー」ってほほが青くなった母さんを父さんが持ち上げてぼくがおしりを「バーン！」ってやりました。（笑）

話自体に面白さが内包されている例である。教室にいる者を誰も傷つけていないが、話に登場する人物が傷つく可能性もあるので教師としては慎重さが必要である。家庭内のけんかについて学校で話すことは児童の上がる舞台として相応しくないとする人もいるかもしれない。しかし、舞台の在り方を絶対化していたところから一歩、二歩距離を取る（学校的価値を相対化する）ことは、舞台に上がる可能性を増やすことにつながる。そもそも舞台に上がることが許される（学校的価値に沿った）スピーチというものがあるのか、ないのか。あるとすればどこまで許されるのか。

このMは「やんちゃ」な部類に入る男の子であった。四月当初は授業中に私語も多く、周りの子との諍いもあった。しかし、授業には積極的で、朝のスピーチでは前述のような内容を毎日のようにした。話が冗長であり、教師としては授業時間も気になり、時間制限を加えたこともあったのだが、周りの子はMの発表を楽しく聞いていた。Mが話すと笑う準備をする。Mもそれが嬉しいようであり、意気揚々と話をする。こうしたスピーチが全ての原因ではないだろうが、Mの授業態度はみるみる落ち着いていった。

【例3】 電車の夢の話（小六、Sのスピーチ）

冬休み勉強尽くしだったのでどこにも行かなかったけど、電車の夢ばかり見ました。（笑）多分電車の夢はノンレム睡眠だったと思います。その電車もやばくて、大阪環状線に石狩ライナーがいたり、阪和線に食パンがいたりしました。食パンというのは食べるほうじゃありません。自分が考えた約三年後の阪急神戸線が出たときはうれしかったです。

スピーチに対しての質問

C　電車のどこが好きなんですか？

S　制御装置とかです。
C　その制御装置のどこがいいんですか?
S　音が違うところです。
C　Sくんにとって電車とはなんですか?
S　なんか気持ちが楽になるものです。
C　Sくんの持ってる電車で宝物はなんですか?
S　D二五系〇番台です。
C　前に踏切で止まったときに、カメラを構えて電車を追っかけて撮ってた人がいたんですけど、そういうふうになりたいですか?
S　それは「撮り鉄」っていうんですけどぼくは「乗り鉄」なのでそういうのはしません。
C　プラレールは好きですか?
S　いやでもあれはあんま好きじゃありません。
C　鉄道模型とか持ってるんですか?
S　近いものは。
C　ぼくの友達に時刻表を集めている人がいるんですけど名前あるんですか?
S　わかりません。
C　Sくんの将来の夢はなんですか?
S　車掌です。

内容があまりにマニアックな例である。例えば、「食パン」と呼ばれる電車があることを知っていた児童がこの時いただろうか（私も知らなかった）。通常考えられる舞台から一歩、二歩どころか五歩も十歩も飛び出していると感じるかもしれない。必ずしも学校でこうした発表を認めるべきだとは思わない。しかしそこから生まれるユーモラスな雰囲気があり、そこから生まれる人間関係があり、そこから生まれる興味がある。例えばこのSの興味を表出する機会を学校がもたなかったとすればどうか。学校においては自分の思いと違うことをし続け、学校において正しいとされる舞台だけに立つことにならないだろうか。そうした無意識の押さえ込みが無気力、シニシズム、さとり世代と呼ばれる主体性の欠如を生み出していると言えば言い過ぎだろうか？

Sはこうした通常考えられるよりも大きい舞台に上がることにより、同じ趣味の仲間を見つけ、生き生きと学校生活を送るようになった。また、彼は自由勉強において、百年後の阪急神戸線の路線予想図を描き上げた。地理、算数、国語など、様々な知識がなければできないことである。こうした知識をスピーチにより身につけることができたとは言わないが、学校で教えられることだけを学ぶだけでは到底できないことである。

以上、三つの例からスピーチの内容がどこまで許されるのかを見てきた。こうしたスピーチをすることによって、全ての子が、例2のMや例3のSのように、自己を生き生きと表出させ、周りと良い関係を築くことができるとは到底言えない。私自身うまくいかないことも多分にある。しかし、舞台の大きさに意識的になることによって、決まり切った舞台を用意するだけでは生まれないものが生まれる余地があると知っておくことは大切だと考える。

第三節　舞台に上がる子を増やそう

教室において許される話題を増やし、舞台を広げることによって、舞台に上がることのできる子どもは増える。しかし、いくら舞台が広がっても、児童が上がろうとしなければ、劇に主体的に参加することはできない。以下の三例は、子どものふざけのない発言により笑いの起こった例である。こうした笑いをどう捉えればいいのか考える。

【例４】　京都の新島旧邸展に行った話（小六、Ｙのスピーチ）

私は大河ドラマが好きなので、今年の大河ドラマの新島旧邸展に行きました。京都にあります。始めにお母さんが八重スカッシュという炭酸ドリンクとジンジャーブレッドを買ったので一緒に食べました。八重スカッシュはレモンの香りがすごくしてすっぱかったです。ジンジャーブレッドは生姜の粒があったので美味しかったです。新島旧邸は意外と広くて驚きました。京都に行ったので、岩倉具視の資料館と二条城と京都御所にも行ってすごく嬉しかったです。蛤門は、私が手を広げて五倍の幅でした。二条城は世界遺産に登録されています。私が行ったときの二条城はスロープの工事中だったけど、今はもう工事が終わったそうです。ちなみにお母さんとお父さんと私で行って、お兄ちゃんは部活で行きませんでした。

スピーチに対しての質問

S　私も前に京都に行って夜帰るときすごく暗くて、その時にお父さんと一緒に自然ってこわいなという話をしていて、自然はこわいけど鹿とか出てきたらどうするんっていう話をしていてパッとみたら鹿が立っていて（笑）鹿に会いませんでしたか？

Y　会いませんでした。

ここで児童Sは京都と聞いて、鹿を見たことを思い出し、自分の思い出話をしたのである。例1のように主題と関係のない質問と言えるし、質問というよりほとんど自分の話である。しかし、こうした発言が元の話を膨らませたり、教室を和ませたりすることもよくある。質問だけだとか、自分の話はするなとか、形式にあまりこだわらず、自分から舞台に上がろうとする子どもの意欲を大切にしたい。次に挙げる例5は、英語学習とスピーチを融合したものである。

【例5】　英語による自己紹介（小六、Hの英語スピーチ）

（発表者はH、質問者はA、B、Cで示す）

I like fruits but I don't like tomato. I can play a piano. My birthday is December 2nd 2001. I want to be a kinder garden teacher. Do you like fruits?

スピーチに対しての質問

Ａ　ぼくはトマトのぐじゅぐじゅしたところがきらいなんですけど、Ｈさんはトマトのどこがきらいですか？

Ｈ　Ａくんと同じです。

Ｂ　トマトのどこがきらいですか？

（笑）

Ｃ　いまゆったやん。

例５は話を聞いていなかったがために起こった笑いである。話を聞かずに質問することが度々あると問題があるが、たまに起こるのであれば、発言する意欲を評価してあげるべきと考えてはどうだろうか。「話を聞いていない」子どもは舞台に上げないという手もある。ここで言えば「ちゃんと聞いていろ！」と叱ることが必要な場面もあるだろう。しかしそこで間をおいて、あえて笑いの起こるのを許す（舞台に引き上げてやる）態度を教師がもつこともあって良いのではないだろうか。

【例６】　社会科の授業において（小四、Ｔの自由発言）

枝　この工業地帯を「太平洋ベルト」と呼びます。

Ｔ　えっ、なになに？　たいーへーよーベルト？　仮面ライダーみたいな？

Ｃ　変身できるわけないやん。ヒーローものとちゃうで。

（笑）

Tはわざとぼけているのではなく、いわゆる天然の発言であろうと、Tの普段の様子から推察できる。例4と同様、こうした発言もある程度受け止める姿勢を保つことにより、教室はユーモアで包まれるようになると考える。例6は今までの例と違い一斉授業である。一斉授業では教室において自由発言を許すかどうかという問題がある。例えば例6において、Tが「はい」と手をあげて、教師がTくん今は手をあげるときではない、と打ち切ってしまう場合には笑いも何ももちろん起こらない。Tが手をあげ、教師がTを指名し、Tが「仮面ライダーのベルトみたいなものですか？」としたときにもユーモアと捉えることができる余地はあるかもしれない。ただ、Tの発言が学校的価値に支配されている（舞台の枠組みにはまっている）分、可笑しみは減少しているという捉え方もできる。

Tは勉強が得意とは言えない子どもであったが、こうした発言でクラスの人気者であった。自由発言を許さない管理的な劇場では、Tのような子は舞台の上に上がってこない。勉強ができる子どもが輝く舞台を用意するのが学校の役割であろうか。Tのような子どもを舞台に上げる態度を演出家として持ってもいいのではないだろうか。

第四節　舞台には様々な形があることを提案しよう

ここから、子どものふざけにより教室に笑いの起こった例を取り上げる。子どものふざけにより教室に笑いが起こることはよくある。ふざけを何でも許していたのでは、とんちんかんな訳のわからない劇が出来上がるだろう。ひどくなれば学級崩壊である。しかし、教師が演出家としての役割をきちんと果たしていれば、ある程度のふざけは劇を活性化させる。

【例7】　公園でサッカーをしていてボールが川に落ちた話（小六、Hのスピーチ）

一月六日にSくんとIくんと◯◯公園で遊びました。サッカー的なことをしていたら、たまたまけったSくんのサッカーボールが隣の川に落ちて流れていきました。僕とIくんで取りに行ってコンクリートで足をすったり何回かとるチャンスを失ったりしたけど、最終的にはとれました。とれなかったときはあせりました。

スピーチに対しての質問

C　サッカーは危険な遊びじゃないんですか？　ちっちゃい子いるから前だめと言われました。

H　他になにか質問とかありませんか？

（笑）

自分に都合の悪い質問をスルーすることにより起こった笑いである。教室ではふとしたきっかけにより、学校や地域の決まりを破ったことが明るみに出ることがある。ここで言いたいのは、決められたルールの外から声が出る舞台の在り方を設定しておく必要性についてである。例えば、ゼロトレランス（毅然たる対応）方式でガチガチの学級では、ルール破りが発覚することを恐れて、児童Hのような内容のスピーチ自体出てこなくなるのではないだろうか。そうして子どもたちは闇でこそこそと活動するようになる。劇場で言えば舞台（学校的価値観の内）と観客席（学校的価値観の外）がはっきり分かれすぎていて、観客席で何をやっているかが全く見えないのである。自分の教室を擁護するのではないが、こうしたスピーチが表に出てくることにより、児童が教師の見えないところでどういったことをしているのかが少しでもわかるようになる部分もあるのではないだろうか。

私個人の趣味の話で申し訳ないのだが、私は劇団四季の劇を見に行くのが楽しみの一つであり、その完成度の高さに身震いをするような思いをすることがある。劇団四季のロングランの作品に「ライオンキング」がある。「ライオンキング」では、観客席の通路や横の観客席に動物たちが登場する場面があり、舞台と観客席が一体となった世界観に包まれるように私は感じる。舞台の外（学校的ルールの外）で演じることは一見型破りなようでありながら、ライオンキングのように会場が一体となり劇が面白くなることも考えられる。学校教育には、学校らしい舞台の在り方をそのまま鵜呑みにするだけでは生まれてこないものが生まれてくる余地があると捉えてはどうだろう。

【例8】　おばあちゃんの家に泊まりに行った話（小六、Mのスピーチ）

八月七、八、九日に本当は島根へ旅行にいくはずでした。でもお母さんが風邪をひいてしまい、結局その旅行はキャンセルになってしまいました。そのかわりに八月の十四、十五、十六日に奈良のおばあちゃんの家に泊まりに行きました。十五日は僕の誕生日会をしてくれました。島根は行けなかったけど楽しかったです。

スピーチに対しての質問

C　おばあちゃんは何歳ですか？

M　八三とか四とか。

全　おー。

C　おばあちゃんちは一軒家ですか？　マンションですか？

M　マンションです。

全　おー。

C　おじいちゃんは何歳ですか？

M　おじいちゃんは八六。

全　おーお。

C　奈良まで行くのに交通費はいくらですか。

M　あんまりよくわかりません。

全　おー。

（笑）

枝　みんなのおじいちゃんとおばあさんや、ひいおじいちゃん、ひいおばあちゃんは何歳くらいになる？

C　九二歳。
枝　九二歳以上の人？
C　九四で死んだ。
C　一〇一歳で死んだ。
C　親戚、一〇四歳。
C　九五歳。
枝　先生の奥さんのおばあちゃんが今九九歳です。
C　おー。

個々人の驚きが全体のノリになっていった例である。全体でふざけた分、おじいちゃんとおばあちゃんの年齢のように、話題が広がっていき、教室は楽しい雰囲気に包まれていた。発表者の「交通費がいくらかわからない」という回答に対して「おー」と反応することは、舞台の在り方としては〈正しいこと〉ではないかもしれない。しかし、先の例であげた劇団四季で言えば、演者と一緒になり全体が踊ったり歌を歌ったりする「マンマミーア」のように、劇場全体で劇を作り上げるような作品があっても良いのではないだろうか。ただしあまりふざけが過ぎると教室が混沌とするので注意が必要である（周りが騒がしくて演者の演技に支障が出てはいけない）。

【例9】　お母さんの買い物についていった話（小六、Aのスピーチ）
（発表者はA、質問者はH、I、N、K、S、Tなど、発表者及び質問者以外の発言はCで示す）
十一月の四日にお母さんの買い物についていきました。ほとんど座って待っていたので面白くなかったです。その後昼食を取ってまた座っていたのであまり面白くなかったです。

スピーチに対しての質問

K　なんでそんなに面白くなかったんですか？
A　お母さんが買い物する間ずっと座ってなきゃいけなかったからです。
K　何か買ってもらいましたか？
A　かばんを買ってもらいました。
T　どこのどういう場所でどれぐらいの大きさのベンチに座ってましたか？
A　本屋さんの近くの四階のベンチに座っていました。
T　近くに何がありましたか？
A　あまり知りません。
S　ベンチの色は何色ですか？
A　茶色です。
S　茶色は茶色でも焦げ茶色ですか薄茶色ですか？
A　焦げ茶色です。

S　かばんを買ってもらったのにうれしくなかったんですか？
A　うれしかったんですけど、その後待っていたのが全然うれしくなかったです。
S　何時から何時までいたんですか？
A　十一時くらいから四時くらいまでです。
S　お昼は何を食べましたか？
A　にしんそばを食べました。
T　にっしんそばはおいしかったですか？
A　おいしかったです。
N　にっしんそば？　焼きそば？
S　日清焼きそばに何が入ってるん？
A　にしんです。
S　お兄ちゃんは行ったんですか？
A　部活があったので行きませんでした。
T　お兄ちゃんは何部ですか？
A　テニス部です。
N　お兄ちゃんは何円、あっ何歳ですか？
A　中二です。
H　自分は中学入ったら何部に入りますか？

S A Y A N C H A C K A C Y A S A T A

吹奏楽部です。
吹奏楽部で何がしたいですか？
ホルンかトロンボーンをやりたいです。
なぜ吹奏楽なんですか？
今も吹奏楽をやっているからです。
どんなかばんが好きですか？
戻った。
大きくもない、小さくもない普通のかばん。
お兄ちゃんは好きですか？
また戻した。
ふつうです。
かばんのお店は何階ですか？
お店に戻した。
好きな音楽はなんですか？
コブクロの月光です。
かばんは使っていますか？
まだ使ってません。
いつかばんを使う予定ですか？

A　来週の月曜日。
S　来週の月曜日何があるんですか？
A　ユニバに行く予定です。
C　おー。
H　ユニバに行ったら何に乗る予定ですか？
A　わかりません。
S　ユニバに何で行くんですか？
A　電車です。
C　自転車？
（笑）
I　月曜日は好きですか？
A　好きでも嫌いでもないです。
K　お兄ちゃんは行くんですか？
A　お兄ちゃんは学校なんで。
C　えー、かわいそう。
K　だれと行くんですか？
A　お母さんです。
T　お父さんはお迎えですか？

A　会社です。
S　お母さんと一緒に行くことを知って、お兄ちゃんのことをどう思いましたか？
A　ちょっとかわいそうだと思いました。
I　何曜日が好きですか？
C　えー。
A　わかりません。
T　ユニバで何かおみやげを買ってきてほしいです。
C　どさくさにまぎれてアピールや。
S　ユニバでどんなものを買いたいですか？
A　お母さんが前に職場の人と行って、オニオンリングが美味しかったと言っていたので食べてみたいです。
I　僕はユニバに行ったことないすけど。
S　オニオンというのは何だと思いますか？
A　タマネギ。
I　僕は千葉県が好きなんですけど、何県が好きですか？
A　北海道です。
I　千葉県のゆるキャラ知っていますか？
A　知りません。

Ｉ　「ふなっしー」やろ。
枝　もう最後の質問にします。
Ｃ　最後戻せ戻せ、かばんに戻せ。
Ｎ　かばんは何バックですか？
Ｃ　イエーイ。
（拍手）

話が膨らんでいって、元に戻すことに可笑しみを感じている。その中で、それぞれの興味にのみ即した質問が出されていく。この児童Ａは、一学期に友達とトラブルがあり、一時浮いている感のあった児童である。このスピーチの一カ月ほど前に、Ａへの行動について教室児童全員で話し合った。以来教室での様子を特に注意して見守っていた。

このスピーチにおいて、全体的に悪ふざけ感があるのは否めない。その質問本当に知りたいの？というものも多い。ただその中で、たくさんの子どもがそれぞれのもつ興味を自由に出している。例えば児童Ｓは母が英語教室の教師というのもあり、英語にこだわっている（オニオンというのは何だと思いますか?）し、六年生になり千葉県から引っ越してきた児童Ｉは千葉県にこだわっている（僕は千葉県が好きなんですけど何県が好きですか?）。さらに、Ａに対しても明るみに出る質問が多く出されている（自分は中学入ったら何部に入りますか？　など）。つまり、それぞれが自分で自分を出すことに光を当てながらも、Ａにも光を当てるという劇を全体で行っていたと受け取ることができる。多数参加型の即興劇である。

また、「二、三人質問してはい終わり」では蔓延するシニシズムに容易に陥る。長く質問をするということで、結果としてみんながAを認める行動を取っていたと言える。教室では時間に制約があり、こうした長い質問の時間を取ることが難しい場合も多い。しかし、劇の後のカーテンコールで拍手が多ければ、もう一つおまけとして特別なカーテンコールが許されてもいいではないか。時間に対してもある程度融通を効かせた劇の形も大いにあり得る。

スピーチの後Aは本当に嬉しそうな満足した顔を見せてくれた。こうしたスピーチだけが原因ではないだろうが、この頃からAは明るく教室で過ごすことが多くなったように思う。時間の制約を離れたところで生み出されるユーモアが一人の児童を救うこともあるという事実は知っておいたほうがよいだろう。

第五節　スポットライトを操作しよう

日本らしい同調文化の影響だろうか、児童は舞台に上がることを躊躇したり、舞台に上がっても、巧みにスポットライトに当たることを避けようとしたりすることがある。一人にスポットライトを当てて、自分はライトの当たらない暗闇（みんなと同じところ）にいようとする。そうなると一対多の構図が出来上がる。一対多の構図はいじめの温床となる。スポットライトの当たる一人を笑いものにする見せしめのショーの構図である。見せしめショーを避けるためにはどうすればいいか。教師や周りの子どもが演出家としてたくさんの子どもにスポットライトを当てるような劇にする必要があると考える。スポットライトは二つでも、三つでもよい。場合によれば舞台全体を照らしたり、観客席を含めた会場全体を照らしたりしてもよい。

【例10】「千年後の未来について」の自由研究発表（小六、Kに対しての質問）

C　千年後のKくんはどうなっているんですか？
K　この国の王になっています。
（笑）
C　将来、空飛ぶ車ができるとお兄ちゃんが言っていました。
C　将来、Kくんはどんな風になっていますか？
K　イケメンで性格よくてサイコーの男性です。
（笑）

千年後どうなっているかの質問には、「わかりません」「千年後はもう死んでます」などが一般的な答えになろう。その場合は自分を周りと同じところに置こうとする発言であると受け取れる。そこでKは、生きてもいないであろう千年後に、「この国の王になっています」と答える。自分をあえてスポットライトに当てることにより、自分がくっきりと際立つ。その行為は結果として、周りにいる人もスポットライトに当たる可能性を示唆する（自他関係の肯定）。スポットライト操作が許される舞台であることをKは示しているのである。Kは自らをスポットライトに当たるようにしてくれているが、誰もがスポットライトに当たる舞台に子どもを上げることが教師の仕事と捉えてはどうだろうか。

ここで演出家として気をつけなければならないのは、Kだけがスポットライトを浴びる（一対多を作る）のではなく、Kを手本としてK以外の子も同じようにスポットライトに当たる（一対一をたくさん作る）劇を用意することである。教室において一人ひとりの個々が大切な存在として認められる中にユーモアが生まれる。

【例11】友達とカードゲームで遊んだ話（小六、Sのスピーチ）

（発表者はS、質問者はC、特別な登場人物としてOで示す）

十一月二十一日、多分Oくん、Tくん、Yくん、Mくん、Kくんなどと遊びました。（笑）最初に色々しゃべっていました。次にデュエルマスターズというカードゲームで遊びました。次に何かしていました。（笑）楽しかったです。

スピーチに対しての質問

C　何かってなんですか？

S　何かです。

（笑）

C　何かを本当に教えてください。

S　何かです。

（笑）

O　その何かってゲームじゃありませんか？

（笑）

S　Oくんと一緒にモンスターハンターをやっていました。

C　覚えてるやん。

C　Sくんの武器は何ですか？

S　いろいろです。

C　いろいろとは何ですか？

S　いろいろです。

（笑）

O　そのいろいろって、片手剣じゃないんですか？

S　片手剣です。

（笑）

C　なんでOくん知っているのにいろいろって言うんですか？

S　なんとなくです。

（笑）

C　モンスターは何を狩ったんですか？

S　モンスター類のモンスターです。

（笑）

C　なんでそんなに秘密にするんですか？

S　いろいろあるからです。

（笑）

O　モンスターってダレンモーランじゃないんですか？

S　ダレンモーランです。

（笑）

C　好きなモンスターはなんですか？

S　えーと、サメちゃんです。

（笑）

O　その、サメちゃんってザボアですか？

S　そう、ザボアです。

（笑）

教室において「わざわざ言うまでもないかな」ということを「忘れました」「分かりません」で済ますことはよくある。つまり、「忘れました」「分かりません」を悪用し、本当は覚えているとみんな分かっているけど、分からないふりをして済ます。つまり、舞台に上がり、スポットライトが当たる場面だと分かっていながら、意識的に明るみに出ることなくスポットライトから離れて暗がりに立ち、その他大勢の脇役となる＝皆と同じでいようとする態度（自他関係の否定）を生み出す。こうした「忘れました」「分かりません」発言が増えるとやらされているだけのスピーチに転化していき、シニシズムへとつながっていく。

例11では、Sはスポットライトを避けているようで、実は「スポットライトを避けているふり」をしていることが分かる。結果として避けるふりをしているとばれてしまい、スポットライトに見事に当たっている。まさにユーモアのある発言であると言える。

「忘れました」「分かりません」の例に限らず、「そんなこと嘘だとみんな分かっているけど、わざとそうしているんだよ」という場面は学校において出現しやすい。そうした場面でスポットライトを避け、影に隠れることでシニシズムが蔓延していく。一つひとつスポットライトを避ける（自他関係を否定する）発言になっていないか、シニシズムを生み出す動きになっていないか考えてみる必要がある。

【例12】　友達と文字の練習をした話（小六、Mのスピーチ）

（発表者はM、質問者はC、他に黒板に字を書く人物としてR、Iで示す）

十一月十四日、RくんとSくんと文字の練習をしました。はじめに自分の名前を書く練習をしました。それから様々な文章を練習しました。とめ、はね、はらいはちゃんとできているかチェックしながら練習しました。Rくんははじめはちょっと……だったけど、今はとてもきれいに書けるようになっているので今度見てあげてください。

C　どこでやったんですか？
M　僕の家のガレージです。
C　どんな文章を練習したんですか？
M　んー。忘れました。
C　Rくん黒板にそのきれいな字を書いてください。
C　イエーイ。
（拍手）
（R、黒板に字を書く）
C　お、お、二度書きをしました。（笑）とてもきれいだ。
（拍手）
C　Rくんぜったいきれいになってるって。
C　Mくんも書いてみてください。
（M、黒板に字を書く）
C　おー。
（拍手）

C　先生、Iさん書道五段らしいです。
枝　Iさんも書いてみる？
（I、黒板に字を書く）
C　おー。
（拍手）

舞台を絶対化した教室では、スピーチの時間であるのだから、字を書く必要はないという流れになるところかもしれない。そこでRが書く（舞台に上がりスポットライトが当たる）。Rは自他共に認める字を丁寧に書くのが苦手な児童である。そうした子どもを一人取り出すことを恐れる教師も多いだろう。しかしそうした教師の行動が自他関係の隠蔽につながり、知らず知らずのうちにシニシズムを助長している可能性がある。字を書くのが苦手な子どもが皆の前で取り出される。これは、演技の上手な主役だけにスポットライトが当たるのではないことを示す。つまり、スポットライトに皆が当たる、自他関係の肯定の現れであると捉えることができる（もちろん見せしめのような結果に終わらぬよう注意が必要である）。ここで褒められた経験はRくんの心に強く残るであろうし、そうであってほしい。

第六節　子どもの（ブラック）ライト操作に注意しよう

教師がスポットライトの当て方に意識的になっても、子どもの発言により、スポットライトが操作され、知らないうちにスポットライトが特定の子どもに当たっている場合がある。表向きはそう見えなくても一対多をつくり出している場合、特定の条件で浮かび上がるという意味で、ここではブラックライトと表現したいと思う。子どものふざけにおいて教師の気をつけるべきは、一対多をつくり出すスポットライト、及び、知らず知らずのうちに発せられているブラックライトである。例13、例14、例15では、子どものスポットライト操作が、一対一の構図になっているか、一対多の構図になっているかの違いを明らかにする。

【例13】　嵐のキャラ弁についての自由研究発表（小六、Sの発表）

（発表者S、質問者C、特別な登場人物としてTで示す）

私は嵐のキャラ弁について調べました。まず作り方は、一番、ポテトサラダやチンジャオロースなどお好みの具材を用意する。二番、ご飯を五つに分けてラップで包む。三番、クッキングシートで、……（略）、六番、ポイントは二宮くんや相葉くんは……（略）。

スピーチに対しての質問

C　嵐のなかで誰が好きですか？

S　絶対、松潤。
C　なぜそんなに嵐が好きなんですか？
S　えー、かっこよくて、やばい。
C　なんで松潤なんですか？
S　一番なんかもう、嵐の四人がめっちゃちっちゃく見えて、一人だけめっちゃでっかく見える。
C　嵐のなかで苦手な人はだれですか？
S　大野と相葉です。
（笑）
C　呼び捨て。
C　どれがどれですか？
S　（TVを見ながら）黄色がニノで、紫は松潤で、青が大野で、緑がしょうくんで赤が相葉です。
C　松潤のどこがいいですか？
S　かっこいいです。
C　そのお弁当で松潤が真ん中にきていないことに腹が立ちませんか？
S　立つけど、それいうと大野ファンにきれられるから抑えてます。
C　松潤はいつから好きなんですか？
S　一年の一学期くらい。
T　しょうちゃんどう思いますか？

S　普通です。

C　嵐の曲で一番何が好きですか？

S　One Loveです。

C　では一曲歌ってください。

S　無理です。

C　ライブとか行ってたりしないんですか？

S　明日行きます。

C　え。

T　そろそろ松潤じゃなくて、しょうちゃんのことを話してください。

S　いや。

C　松潤の「ラッキーセブン」（TVドラマ）見てましたか？

S　はい。

C　嵐が消えるとしたらどうなんですか？

S　別に……、ファンはやめへんから消えても別に。

C　私も松潤が好きで、「花より男子」に出てたときがかっこよかったです。

C　嵐から松潤がいなくなったらどうですか？

S　もう嵐応援せえへん。

C　嵐の中のメンバーの大野と相葉が抜けたらどう思いますか？

S　人気変わらんと思います。
C　変わるやろ。
C　ライブでよく松潤はシャツをぬぐけど、そこのところどう思いますか？
S　ファンサービスで、松潤ファンはそれでうれしいから別にいいと思います。
T　しょうちゃんのラップについてどう思いますか？
S　自分で詩を作ってるからいいと思うけど、音痴やから。
C　松潤のまゆげが太いと思うんですけど、どう思いますか？
S　あれがいいねん。ちょっと待って、松潤って奇跡の顔やん。
（笑）
松潤の顔をちょっとでもくずしたら変なわけやん。整ってるからかっこいいねん。
C　もえてきた。
T　松潤の顔がイマイチ気に入らないんですけどどうですか？
S　えっと、Tくんに言われたくありません。
（笑）
T　しょうちゃんの顔は松潤よりいけてると思うんですけど。
S　ん、でもしょうくん顔むくんだりするし。
C　T、いけー。
C　討論会やん。

C　松潤一本なんですか？
S　松潤九八パーセントであと二パーが残りです。
C　松潤の顔がブラマヨの吉田よりひどかったと思うんですけど。
S　それ前言ったけど、絶対違うで。

【例14】　正月の〇時ちょうどにジャンプした話（小六、Tのスピーチ）
（発表者T、質問者C、特別な登場人物としてKで示す）

十二月三十一日、除夜の鐘をならしに十一時三十二分に行きました。大吉がとれるようにならしに行きました。それで家に帰って風呂に入って〇時までになんとか上がりました。そしてテレビの一チャンネルで、〇時になったときに、本年初ジャンプをしました。ちゃんとジャンプしたのに写真がボヤけていました。悲しかったです。

スピーチに対しての質問
K　夜中の十二時にジャンプするなんて、あなたは幼稚園児ですか？
（笑）
T　十二時チョッキシにぴょってジャンプして、新年早々地上にいませんの的なことを。
（笑）そういうのを楽しみにしている年頃やねん。
C　毎年ジャンプしているんですか？

T　はい、去年もジャンプしました。
C　家族もジャンプしたんですか？
T　ぼくだけです。
（笑）

スポットライトという視点をもつことにより、いたずらやからかいの発言と区別することが可能である。例をあげる。「あなたは幼稚園児ですか？」という発言が周りと比べ幼い子に対して行われたものであり、また、発言を受けた側が幼いことを周りに言われることを気にしている様子があったならばどうか？　この場合、発言自体は例14と同じものでありながら、「あなたは幼稚園児ですか？」という発言によって、幼稚園児と言われた一人のみにスポットライトを当て、その他大勢を暗闇に隠す効果が生まれている。発言者が「幼くないその他大勢の側」に立とうとしていると受け取れるからである（一対多の構図）。例14では、質問者Kは笑いを取ることによって、また、児童Tとの掛け合いをすることによって、発言者にもスポットライトが当たっていると言える。「Tくんに言われたくありません」、「あなたは幼稚園児ですか？」という発言を学校的価値に当てはめた際、〈正しいもの〉とは言い難いだろう。しかし、発言者はあえてそうすることによって、自分と相手の関係において〈良いこと―良くないこと〉の構築（自他関係の肯定）を試みる。そうしてこの発言はユーモアとして受け取られる（一対一の構図）。

【例15】　水族館に行った話（小五、Hのスピーチ）

八月八日に水族館に行きました。はじめにサメを見ました。他にもたくさんの魚を見ました。次にいるかショーを見ました。楽しかったです。

スピーチに対しての質問

C　見た中で好きな魚は何ですか？
H　魚自体好きなのでどれとかありません。
C　魚のどこが好きですか？
H　かわいいところです。
C　じゃあイカはかわいいのですか？
（笑）
H　かわいいけど……。
C　じゃあタコはかわいいのですか？
（笑）

例15のスピーチが行われたとき、私は気づくことができなかったのだが、ここで質問者は「タコ」＝「特定の児童」を想定して発言しており、それに気付いた数人の子が笑ったと考えられる。教師として非常に情けないことであるが、後になって、録音テープを聞き直してやっと気づいた次第である。

スピーチの流れとしては自然であると言え、気づいていない子どもも多いだろう。これは、一人の子どもに密かにブラックライトを当てることにより、発言者自体は闇に隠れていようとする発言である。換言すれば、発言者は大勢の前で特定の個人を侮辱（学校的価値を相対化）しながら、発言をコントロールし、侮辱がわからないように（学校的価値を補完）する。まさにシニシズム的冷笑である。
また、発言主が全体の場で笑いを誘うことで、「自分だけじゃなくてみんな思っているよ」というメッセージを発している側面を指摘できるだろう。自他関係において自分をその他大勢に置き、個を公の中に埋没させる。つまり、巧みに責任逃れをしながら個を中傷している（一対多によるブラックライト効果）。教師として許すべきではない。

例13、例14、例15と比べると、自他関係の視点で大きく違うのが分かるだろう。一人ひとりが舞台に上がり個を個として大切にされスポットライトが当たる可能性がある（皆が主役の）劇になっているのか、一人に焦点化することによってその他の個を公の中に埋没させ暗闇に落とし込んだ（特定の児童だけが主役の）劇になっているのか、また、児童が密かにブラックライトを用いて特定の児童を浮き上がらせた劇になっていないか。教師は演出家として舞台の上で起こっていることに自覚的にならなくてはならない。

第七節　教師もスポットライトに当たろう

舞台が広がり、スポットライトに意識的になっても、教師が演出家に留まっていると、演者は次第に舞台に上がらなくなってしまうことが考えられる。時に教師も舞台に上がり、スポットライトに当たることで、児童は一緒になって舞台で演じようとする。子どものふざけにより笑いの起こった例から教師ー生徒関係を考える。

【例16】　テレビドラマを親戚と見た話（小六、Hのスピーチ）

夏休みの中でぼくが一番笑ったのは、おばあちゃん家で親戚がたくさん集まって半沢直樹（TVドラマ）を一話から録ってたやつをバーと見たことが一番面白くて。理由は二年前くらいに、いとこの今大学生くらいのお兄ちゃんに担任の先生の名前何？　って聞かれて、で、その時四年生だったから枝廣直樹先生って答えて、で、半沢直樹を見ているときに、そのいとこのお兄ちゃんが紙に半沢直樹と枝廣直樹を書き出して「W直樹でーす」って言いだして、それが一番面白かったです。

スピーチに対しての質問

C　半沢直樹と枝廣直樹はどっちがかっこいいですか？

H　それはもちろん半沢直樹です。

（笑）

【例17】　子どもを病院に連れて行った話（小六担任自身のスピーチ）

先週の土曜日に息子が夜中にずっと泣いていると耳が痛いと言っているので、中耳炎なので病院に連れていきました。だいたい泣いていまし た。病院で待っている間に学校に行ってみると誰もいなかったです。その後すぐに娘にうつりました。ずっと看病してました。看病している一日でした。

スピーチに対しての質問

C　なんでもっと面白い話をしてくれないんですか？

（笑）

枝　今はそれしか思いつかないから。

C　今度からもっと楽しい話をしてください。

（笑）

例16、例17は共に教師に対しての児童の言動として、従来の舞台の在り方に当てはまるものではないかもしれない。ただ、私は、教師を引き合いに出さない、教師に関しては思っていることがあっても言わないということが積もり積もって、シニシズムの一因になっているように感じる。

例を挙げるので想像してほしい。例えば高校の授業、先生は自分の言いたいことを話している。一部の子は熱心に聞き、時に先生の冗談に笑っている。しかし大多数は全く授業を聞かず寝ていたり、机の下で教師に気付かれぬよう違う本を読んだり、あるいはこっそり弁当を食べたりしている。私のある知人は高校生時代、授業中に耳栓をしていたこともあるという。授業には出なければいけない、単位はもらわなければいけない、出たくないから反抗するのではなく、おとなしく授業に出る。しかし聞かない。耳栓をするのは聞く気のない意志の現れである。授業を聞かない理由として、試験に関係のない教科であるとか、内容に全く興味がないとか、寝不足であるとか、いろいろあるだろう。しかし、耳栓は極端にせよ、授業に出ながら話を聞いていないのは、全国の高校でわりと見受けられる状況ではないだろうか。これは、光の当たっている教師の一人舞台（もしくは熱心な子との舞台）であり、光の当たらない舞台上、または観客席においては暗く静まり返っていて何をしているか分からない。教師—生徒関係においてもシニシズムが蔓延している。

教師としての権威を守る行動を重視するがために、例えば例16にあるように、教師を取り上げて「どっちがかっこいいですか?」という質問自体を出し得ない教室も多いだろう。通常の舞台の在り方からはみ出していると捉えるからである。そうなると子どもたちは、教師のくせや見た目などに密かに可笑しみを感じ、仲間内（島宇宙内）だけで共有するようになる。仲間内でやっていることは通常の舞台の在り方から離れたものであっても、教師との関係では表面を取り繕う。そうして教師と生徒の間柄も冷め切っていくのではないだろうか。当然子どもが教師の言うことを聞かない状況に陥ることは避けなければならない。その上で、教師も児童も一人の人として認めた人間関係の構築を目指したい。

第八節　多様な劇の在り方を思い描こう

本章では、子どものふざけに注目し、そこで起きる笑いに対する教師のユーモア的態度の在り方について私なりに論じてきた。しつこいくらいに授業を劇に喩えたのは、子どものふざけに対する教師の視点としてそういうものもあるよという一つの提案ができればよいなと考えたからである。子どものふざけをアドリブの台詞や即興劇など、従来の古典劇の在り方から外れたものとするならば、ふざけを全く許さない劇の形だけではなく、子どものふざけにも劇をより良くするのに有効な部分があると捉えることができるのではないだろうか。教師はその中で、演出家としてスポットライトを操りながら、子どものふざけが劇に活きる部分、そうでない部分に、常に意識的になっていればよいのではないだろうか。一言で言えば、教師はもう少し多様な劇の在り方を思い描いても良いのではないか。上記において私は、時に教師は演出家となり、時に役者となることを提案した。前記では述べていないが、また時に教師は観客となり、舞台の外（学校的価値の外側）から舞台を眺めてみてはどうだろう。舞台の外からただ眺める。それだけである。そうして、舞台の外で見えてくるもの、舞台の外でないと見えてこないものがあるはずだ。前述以外にも、教室は多様な可能性を秘めており、教師の役割は多様に考えられる。

右に書いてきたことは、人によっては学校的価値の相対化という言葉では済まされない内容に感じるものもあるだろう。私自身、前記の実践を全て正当化するつもりは毛頭ない。子どものふざけに対してすぐさま注意しなければならない場面もあっただろう。反省する部分も多々ある。もちろん学校は規範的であるべきであり、ルールは守られなければならない。また、時にゼロトレランス（毅然たる対応）な態度も大切だ。ただ、学校はどうしてもルールを〈正しいもの＝良いもの〉に捉えてしまう傾向があるように思う。つまりルールがなぜ必要か、ルールは全員にとって必要なルールかなどの議論のないまま、ルールを守ること自体を大切にしてしまうがために、学校に閉塞した雰囲気が蔓延する。そうして苦しんでいる教師や児童・生徒がたくさんいるように感じている。

そうした閉塞感を打破するために、私は子どものふざけのもつ力に光を当てたい。教育者は子どものふざけにより起こる笑いを悪いものだと全て切り捨ててしまっていないだろうか。子どものふざけによる笑いには、良い面も存在する。子どものふざけによる笑いは個々の興味、関心を増やす力が備わっている。子どものふざけによる笑いの奥にあるユーモアを大切にする態度を教師がもつことで、学校的に価値があるとされるものを見ているだけでは分からなかったものが分かるようになってくる。

注

1　フランスの公立小学校教師、セレスタン・フレネ（Freinet Celestin, 一八九六―一九六六）が提唱。子どもたちの「興味の中心」を核とし、テーマを自由に発表する。クラスの厳正な投票により選ばれた作品は、活字となり、テキストとなる。印刷機により印刷された自由作文（テキスト）は本となり地域に配られたり、他の地域の学校と交換したりする。「自由作文というものは、季節を分類して、非常に豊かで申し分のない『興味の中心』を示す恒久的場に見える。それは指導要領をはるかに越え、各季節に分かれて非常に豊かで複雑で、子どもに与えるすべての知識の範囲を眺め渡す方向へ、私たちを導くものである」（C・フレネ）（Freinet Elise. *Naissanee d'une pedagogie*, Francois Maspero, 1969. 名和道子訳『フレネ教育の誕生』現代書館、一九八五年）。そして、子ども一人の興味の中心から、活字となりテキストとなり皆で話し合う活動を通して、興味は大きな広がりと深まりを見せる。（「興味の複合」になっていく。）

ここで私が実践しているのは、フレネの提唱する自由作文の一部を取り入れたもの。テキストとしては使用していない。

2 「教師は、すぐれた演技者であり、演出家でなければならない」（野口美代子著『はじめて学級担任になるあなたへ』高文研、二〇〇七年、六四頁）という野口美代子氏の影響があるように思う。私の初任時の学年主任であり、大変お世話になった先生である。

第三章　教育的なかかわりにおけるユーモア

三好正彦

第三章では第Ⅱ部のまとめとして、子どもにとって教師のユーモア的態度がどのような意義をもつのか、について明らかにしたいと考える。その中で、第二章でみられたような子どもが生み出す諸活動（ふざけ的行為を含めた）をユーモア的態度という視点を通してどのように捉えることが可能か探究し、教育現場における教師と子どもの〝生き苦しい関係〟を乗り越える視座を提示したいと考える。

第一節　第二章の「事例を通してのユーモア」の意義

まず、第二章の事例検証の議論を通して、ユーモア的態度の意義について考えてみたいと思う。

1　第二章「枝廣実践」の教育的意義

（1）「ふざけ」に注目する意義

第二章は、小学校教諭である枝廣の作文発表についての実践を「ふざけ」という行為を軸に、子どもの生み出す笑いに注目し、ユーモア的態度を検討するという内容であった。
この「ふざける」という言葉のそもそもの意味は以下のようにあげられる（三省堂）。

・冗談を言ったり、おどけたことをしたりする。
・子供などが浮かれて騒ぎまわる。
・（「ふざけた」「ふざけている」の形で）人を馬鹿にしたようなふるまいをする。（相手に対する非難や怒りの気持ちを込めて用いる。また、「ふざけるな」「ふざけるんじゃない」などの形で、感動詞的にも用いる）
・男女がたわむれる。いちゃつく。

「ふざける」という行為には、「無邪気に戯れる」という意味と、「意図をもって人を馬鹿にしたり、非難する」という二つの大きな意味が含まれていると言える。学校教育の現場において、この「ふざける」という行為は決して好意的に受け止められることはない。教師が生徒に「失敗してもいい、ふざけずに一生懸命やることが大事だ」と諭す場面はよくある。このように諭された経験を多くの人がもっているだろう。学校教育の現場では、共有されている規範である「一生懸命、真面目に頑張る」という行為と相反する「ふざける」という行為は、指導・矯正・教育の対象となる行為であり、承認されるような行為ではない。つまり、無邪気に戯れていようが、非難・批判の意味を込めた行為であろうが、教育上の取り組みや課題に対する姿勢として前提的に受け入れられないものなのである。

逆に言えば、「なぜこのようなふざけた態度をとるのか」というような子どもの内面の意図を探るようなことに意味は見出されない。

この点からすれば、枝廣実践は見過ごされてしまいがちな「子どものふざけ」という行為に注目している点に独自性がある。子どもの生み出す「笑い」の中に教育的意義を見出そうとする際に、様々な角度からの分析は可能となるだろうが、これまでの研究の前提は、学校教育文化の中で「良し」とされてきた領域に限られてきた（第I部参照）。この点については、これまで議論されてきたことである。しかし、それだけでは本当の子どもの実像は摑めない。行為として「笑いになっていない笑い」、「教師が良しとしない笑い（ワラワズ）」を含めて検証されないと不十分であるからである。その点で、枝廣の分析は、これまでの学校教育文化において「良し」とされてきたフィルターを通さずに、まっさらな目で子どもの〝行為〟と向き合おうという姿勢が強く表れていると言える。

その一方で、現場の教師ならではの葛藤も見て取れる。「笑い」の負の側面について、どこまでその意義を認めればよいのかという点である。その一つのガイドラインとして、平等性・普遍性・安全性という基準を設けた上で、その意義を見出そうとしている。教師の立場として、「笑い」のあるクラス経営は表面上「良い」ように見える場面もあるが、時には誰かを傷つけるような形で起こっている笑いもあり、その点についても触れられていた。その際の教師の対応について、子どもの「笑い」の中に意義あるものを見出そうとする姿勢と、教育的な規範を押しつけざるを得ない場面における葛藤が、現場では常に流動的に起こっているという点を劇場に喩えつつ伝えている。

（2）教育の境界にこそ、教育的意義がある

子どもの「ふざけ」をどう捉えるかという領域はまさに教育の境界線をどのように考えればよいかという点と符合する。特に、ふざけのある「笑い」をどのように見るかについては、これまでの教育実践であまり注目されなかった領域である。

枝廣は子どものスピーチを通してのやり取りは、ともすれば、「分かりません」「忘れました」というような無味乾燥な、形だけのものに終わってしまうことが多々あるとした上で、「ふざけ」による話題の広がり、「可笑しみ」が生み出されるものになる点を指摘している。ここで紹介されている事例は、いわゆる「話題の脱線」を引き起こしているものが多くなっている。スピーチと関係のない質問が出たりすることによって、子どもが本来伝えようと思っていたこととは、違った方向に話が進んでいくエピソードもあった。教育的観点からすれば、発表・スピーチは、自己表現力をいかに身につけさせるかが要点である。教師やそれを聴く子どもたちも、その話題をいかに傾聴的態度で聴けるか、またいかに趣旨に沿った良い質問をするか、という点が本来の教育的目的に適った行為ということになる。その点からすれば、「ふざける」ことによる話題の脱線は、この教育に適っておらず、学校教育的規範に照らせば許容されない行為であると言える。つまり、既存の学校教育における境界線からはみ出した行為なのである。

しかし、枝廣はこの「脱線」こそが時には大きな教育的意義をもつものになると主張している。枝廣は子どもの興味関心が多様である点に重きを置いた上で、教師はそれをいかに引き出すかということが重要であると考えている。そして、教師のシナリオに則っていない「脱線」という行為には、子

どもの興味関心の多様性の萌芽が生み出される可能性のある場面であるにもかかわらず、いかに多くの場面で教師がそれを遮ってしまうことがあるかについて指摘している。つまり、教師が子どもの生み出す「行為」「笑い」にいかに応じるか（ユーモア的態度）によって、それを教育的意義あるものに昇華させることも可能なのである。

逆に言えば、予定調和の発表・スピーチの実践は、子どもの本当の意味での表現力を発揮させることを妨げており、主体性を奪い、やらされ感の強いものにしてしまいかねないということも言える。一方では、「ふざけ」に歯止めがかからずに、教育的意義の全くない、「誰かが傷ついているだけ」、というような実践になってしまう可能性もある。この、まさに揺らぐ境界線を常に意識するという実践こそが、「学校的価値の相対化」「自他関係の肯定」というユーモア的態度そのものなのである。

枝廣実践には、教師が学校教育の規範の象徴として、また子どもに正しいことを伝達する「伝達者」として、ある意味での限界を自覚している様子が垣間見える。作文の発表を通しての実践は、枝廣が指摘するように予定調和でダイナミズムのない、形だけのものになる傾向性が強い。それは、教師側の「作文のスピーチはこうあるべき」という姿勢の中に、「子どもの生み出すもの」の可能性を全く考慮に入れていないからである。そのため、教師の思惑どおりに動かされる発表にしかなり得ず、本来目的であったはずの自己表現力や主体性を逆に削いでしまうという皮肉な結果に陥る場合も多い。その中で枝廣実践はこのような教育目的を達するために、教師の指導力の限界を自覚し、子どもたちのもつ表現力や視野の広さ、発想の自由さを資源として認め、積極的に活用している。ここでの枝廣の姿勢は教師の脱構築的実践（注1）として捉えられる（小玉、二〇〇三）。その際に生じる、表面上「ふざけ」

に見える行為、脱線などをある程度許容しつつ、ガイドラインを設けながら、俯瞰的に場をコントロールしつつ豊かな発表実践を実現していると言える。

2　第一章の検証　ゼロトレランス方式とユーモア的態度から見た子ども

(1)「枝廣実践」から見るゼロトレランス方式の問題点

では、ここで子ども問題のところで取り上げたゼロトレランス方式との比較の中で、その問題点について改めて考えてみたい。

ゼロトレランス方式は、子どもたちにいかに規範意識を植え付けるかという点が主眼となっている。規範意識が社会的に危機的状況であったアメリカ社会で、ゼロトレランス方式は有効とされてきた。その方式が教育においても導入されることになった(加藤、二〇〇六)。アメリカの学校現場において、暴力、ドラッグ、授業放棄、など危機的な状況[2]にあったが、この方式の導入により、落ち着きを取り戻したと言われている。日本においても、子どもの規範意識の低下や、凶悪犯罪の低年齢化を危惧する言説は依然として多く見られ、文科省においても、この方式の導入が検討されることになった。しかし、日本の状況が、アメリカの状況と全く重なるかどうかについては疑問であり、その点についても指摘してきた。もちろん荒れている学校があることは事実だが、全般的に導入することについては疑問の声も多い。

このように効果の有効性が強調されているゼロトレランス方式であるが、第一章で指摘したような問題点も多い。その最も大きな部分が「主体的な学び」を阻害してしまう可能性が高い点だろう。ゼロトレランス方式は、ルールを守れない、他人に迷惑をかける行為について寛容性なしに、矯正・指導をマニュアル的に行っていくものである。その子どもがどのような子どもなのかではなく、どのような行為を犯したかに重きが置かれる。つまり、子どもがどのような背景、文脈の中でそのような行為を犯したかは重要でなく、そのような行為を正させていくこと、また予防的に犯させないようにすることに焦点化されているのだ。そこでは、主体的に規範意識を学ぶという姿勢は育まれず、いかに罰を受けないようにするかという学びにしかならない。

枝廣実践における「ふざけ」「脱線」という子どもたちの行為はまさに、指導対象となりかねないようなものとなるだろう（指導・注意をしない枝廣も、この場合マイナスの評価となるだろうが）。確かに、事例でもあったような、誰かを傷つけるような「いじめ」に近い笑いなどは、指導されるべきところであろうが、脱線を引き起こすような笑いをどのように見るかは難しい。捉えようによっては「授業妨害」と受け取られかねない。

しかし、枝廣実践での事例に表れているように、「ふざけ」によって作文発表の実践が実際に豊かになることもあるのである。教育実践は常に揺らぎの中で進められるものである。

ゼロトレランス的な方式のように、マニュアル的な「揺らがない」実践は、子どもの行為の予期せぬものから生まれる「可能性」に始めから目を向けていない。枝廣実践の「ふざけの笑い」の事例は、見る人が見れば「どうなんだろう？」と思われてしまう可能性もあるだろう。しかし、広がりようのない話題を脱線によって膨らませたり、子どもたち一人ひとりにスポットライトが当たったり、楽しい雰囲気に変えたり、自己表現力を学ぶ時間としてみても非常に有効な実践が行われていると言えるのではないだろうか。少なくとも、予定調和の形骸化した発表授業とは比べものにならないほど、豊かな場面を作り出していると言える。そして生徒個人についても、発表のプレゼン力のみならず、聴く力、質問し発表を盛り上げる力、主体的に発表時間に取り組む力、などが身についていると考えられる。ゼロトレランス方式のように、学校教育の規範の枠組みだけで、子どもの行為を評価し、判断する実践は、このような力を身につける機会を奪ってしまう可能性が高い。この点を枝廣の実践事例を通して指摘することができるのではないだろうか。

(2) 子どもにとってのユーモア的態度　豊かな教師―生徒関係

この枝廣実践は、「子どもの笑いにどのように教師・大人が応えるか」というこの章のテーマに様々な視点を具体的に示してくれている。そして、子どもの振る舞い（ふざけや笑いなど）に対して教師がどのように対応するかによって、教育的意義を生み出し得る可能性を見出すことができる。そして、そこには教師の存在自体の意味、正しいことを伝達する存在としての限界を自覚した、子どもの可能性を資源として協働で何かを作ろうとする教師―生徒関係が垣間見えるものでもあった。

枝廣実践には単なる友達教師がどうとか、規範意識をどのように植えつけるかというような視点ではなく、学校教育をシニシズムから解き放ち、意味ある場として再生する上での、数々のヒントがちりばめられている。第二章の実践事例では、その場にいない我々も、なにか少し笑ってしまうような深い味わい、「可笑しみ」を不思議と感じてしまう。それは、単に技術的な笑いの構造的なところの可笑しさではなく、そこには確かに豊かな学びが育まれていると感じてしまう何かを我々が感じるからではないだろうか。この何かこそ、まさに教師のユーモア的態度が、豊かな子ども―教師関係を生み、確かな学びの場が成立していることの証左であると言える。

第二節　「ダックス先生」を通して　豊かな教師―生徒関係を見る

ここでは、灰谷健次郎[3]の『きみはダックス先生がきらいか』(一九八一)を基に、教師のユーモア的態度と、それが子どもにどのような影響を与えるかについて、これまでの議論を踏まえてより具体的に見ていくことにする。

1　ダックス先生のエピソードを通して見る「ユーモア的態度」

この作品で登場するダックス先生は、いわゆる一般的な教師像と対極に位置する人物である。その規格外の先生の振る舞いに、理想の教師像を描く子どもからの反発もありながらも、次第にダックス先生に惹かれていくというストーリーである。

特にキヨコは、学級委員で優等生である。常識的な学校・教師像を正しいと信じる子どもの象徴的な存在でもある。ダックス先生とキヨコとのやり取りは、これまでの教師―生徒関係や、教師像、学校の役割などの滑稽さや意味を再確認することの大切さを表現していると言える。以下、二つのエピソードを通して具体的に見ていくことにする。

（1）学級の生活目標について　ろうかのルール（三二一―三二三頁）

キヨコとダックス先生がけんかした。

四時間めの児童会の時間からくもゆきがあやしかった。

学校の月目標をダックス先生はかってにかえてしまったからだ。

五月の生活目標は三つあった。

一　ろうかを走らないで右側を歩きましょう。

二　いのこりはしないようにしましょう。

三　道草をしないようにしましょう。

ダックス先生が一の目標はぜんぶけずってしまった。

二は、「いのこりは自由」とかえた。三は、なんと「道草をしましょう」にかえたのだった。

「どうしてですか。説明してください」

キヨコが訪ねた。

「はいはい」

とダックス先生はいった。

「ろうかはいつも右側をしずかに歩く、というのはこまるのです。火事が起こったら焼け死んでしまいますからねえ」

「まじめにしゃべってください」

「はいはい」

「あなたひとりとか、二、三人で歩いているときは、ろうかの右側を歩こうが左側を歩こうが、そんなことはどっちでもいいのです。たくさんの人間が歩くときは右側通行を守ったほうがいい。つまり、ろうか一つ歩くにしても、そのときそのときのようすを判断して歩くのが人間なのです。もし、まだほかのクラスが勉強中なら、今はしずかに歩かないとひとのめいわくになる、そう考えてしずかに歩ける人がちゃんとした人間というものでしょう。そう考えると一の目標はいらないということになります」

「いらない目標を学校がなぜ決めたのですか？」

キヨコはくってかかった。

「なかなかするどい質問ですね」

とダックス先生はあわてなかった。

「あのね。ここだけの話ですがね……」

ダックス先生は声をひそめた。

「決めたことをまもらせるのが教育だと思っているアンポンタンの先生が、まだ、いっぱいいるのですよ」

「わあ、いうたろ、そんなこというて」とコウヘイは大声をあげた。

「あらまあ、コウヘイくん、そりゃないでしょう」

とダックス先生はあわれな声を出した。みんながくすくすわらった。

★視点　主体的な学びの機会……シニシズムの回避

キヨコにとってある意味絶対的なものとも言える学級目標を容易に変えてしまったダックス先生との対立が描かれていた場面である。

ここでのダックス先生の姿勢は、学校教育における価値を子どもたちに一方的に押しつけるどころか、相対化しつつ批判してみせている。「ろうかを走らないで右側を歩きましょう」という目標は、学校生活における事故防止の基本的ルールとも言える。一見すれば、廊下を走らず、右側を歩くことで、ぶつかったり、こけたりして、怪我をすることを防ぐことはできるだろう。しかし一方で、事前に事故を回避することによって、様々な学びの機会は奪われている。「なぜ人とぶつかってしまったのか」「どうしてこけてしまったのか」を考える機会を奪うことにもなる可能性は否定できない。これは子ども自らの力と意思で自己決定しながら行動する自治的（自律的）な活動の端緒をまさに阻害していることになる（山田・桑原、二〇一〇）。ダックス先生が子どもたちに話をしているのは、この点であると言える。今がどのような状況で、自分がどのような歩き方をすればいいのかは、状況によって変わるはずで、それを判断する力こそが人間として必要な能力であり、その結果として、事故や怪我につながらない振る舞いを行うことができるようになる。このことを子どもたちに伝える際のダックス先生の態度は、教育の伝達不可能性を自覚しつつ、子どもたち一人ひとりの本当の意味での「成長」を想う教師の態度と言うことができるだろう（第I部参照：教育の伝達不可能性を自覚しつつも、なおも自他関係を否定せずに訴えかける行為＝教育のユーモア的態度）。

その上で、子どもにとってはこの態度がどのような意味をもつものになるのだろうか。学校ではとかく、正しいと決められていることを守るという点が重視される。しかし一方で、その正しいことが、子どもたちにとってどのような意味をもつものとして受け取られているか、またどのような学びになっているかという点は、それほど重視されない。子どもたちの「なぜ守らなくてはいけないのか？」という声は、「ルールはルール」「正しいことだから」という正論にかき消される。なぜ「三平方の定理が必要か」「なぜアフリカの国を全部覚えないといけないのか」というような学校知に関わる疑問についても同様である。

第Ⅱ部では、子どもたちの主体的な生き方や学びからの逃走（シニシズム）という課題についても言及してきた。この課題の要因とされていることについては、様々な点があげられ、学校という場だけの問題ではないだろう。しかし、子どもたちの思考や学びの機会となるはずの「失敗」や「トラブル」などが社会上の経験として奪われやすくなっている点は指摘できる。様々な予定調和の中での生活は主体的な生き方の妨げとなるからである。子どもたちが必要としているもの、望んでいるものは、教師が求めているものではないだろう（若狭、一九九四）。ダックス先生は、学校の目標の変更を通して、子どもたちに思考のチャンスを与え、また失敗やトラブルを通しての学びの機会を増やす方向に導いている。それによって、子どもたちは、既存の価値について、主体的に疑問をもち、「なぜ？」を追究し、学び、新たな価値を創造する能力を伸ばす機会を与えられることになるのである。

（2）「いじわるをして友達を泣かせたシゲルへの対応（三八－四二頁）

キヨコとダックス先生のけんかは、それから一時間あとに起こった。

給食がすんで、昼のあそび時間がのこりすくなくなったとき、キヨコが教室にかけこんできた。教室で子どもたちの作文を読んでいたダックス先生の前でキヨコはいった。

「先生、シゲルくんひどい」

「どうしたんですか？」

「タカシくんにいじわるをしてなかせてしまったのです」

「ほう」

とダックス先生はいった。気のない返事だった。

「はじめシゲルくんは、タカシくんとキャッチボールをしていました。シゲルくんは野球がうまくて、タカシくんはそうでもありません。シゲルくんは自分が受けそこなったボールをタカシくんにとりにいかせて平気な顔をしているんです。それだけだったらまだよかったんだけれど、タカシくんがボールをひろいにいっているあいだに、シゲルくんはコウヘイくんとキャッチボールをはじめたんです。タカシくんがボールをひろってきて、シゲルくんに投げようとしたんだけれど、シゲルくんはもう知らん顔。タカシくん、だんだんベソをかいて、とうとうなき出してしまったんです」

「そうですか」

ダックス先生はまるで関心のない顔つきだ。

キヨコはいらいらしたようにいった。

「先生、どうおもいますか」

「べつにどうもおもいませんけど……」

まあ！　とキヨコはさけんだ。

「そんないじわるをゆるしておくんですか。シゲルくんをしからないのですか」

「はい」

とダックス先生はいった。キヨコは目をまん丸にした。

しばらくして、キヨコのくちびるがぶるぶるふるえ出した。

「わたし、学級委員をやめさせてもらいます」

「どうしてですか」

「先生はこの学級をよくする気がないんでしょ。そんな先生のところで学級委員なんてできません」

キヨコはきついことをいった。

「あのね、キヨコさん」

ダックス先生はやっと本気になったようだった。

「キヨコさんの気持ちはよくわかりますがね。そういうのは、おせっかいというんですよ」

キヨコの顔がますます青くなった。

「タカシくんはいじわるされて、親切というものを勉強していくんです。タカシくんの問題をほかの人がよこどりをしてはいかんです。もし、そのことが今、キヨコさんにわからなければ、いそいでわからなくてもいいのです」

勝気なキヨコは目に涙をうかべた。

「先生なんかきらいです」

「はい。それは仕方のないことです」

とダックス先生はいった。

★視点　コミュニケーション能力・問題解決能力

このエピソードは、本来いじわるをする子どもを指導し、問題解決に当たるのが教師の役割であるにもかかわらず、それをしないダックス先生と対立するキヨコとのけんかの場面である。タカシにいじわるし、泣かせたシゲルを指導してもらうために報告にきたキヨコは、「その必要はない、おせっかいである」と、指摘を受ける。ダックス先生は、タカシがいじわるをされたことで傷ついたかもしれないが、人間関係における様々なことを学んでいる機会となっているのだとキヨコに説明する。これも、ダックス先生は最初のエピソードと同様に、「他人にいじわるをしてはいけない」という学校生活において大前提とさえ言えるようなルールを度外視し、人間関係のトラブルをも「学びの場」とする姿勢を見せている。

このような姿勢の是非は問われることだと思われるが、そもそも人間関係のトラブルの発生に大人は過敏になりすぎているという点は指摘できるだろう。先にも述べたが、子ども同士の関係性の学びの中に、当然「学校として」望ましくない行為も含まれる。ダックス先生の言うように、「いじわるをされて学ぶ」ということも現実にはあるだろう。しかし、このような学びを肯定することは今の教育現場では困難であろう。というより社会としても難しい。木村（二〇一五）は現在の学校は、より広い社会の監視の目にさらされており、教師が学校評価を意識すればするほど、本来子どもの最善の利益のために行われるべき教育行為が外部評価のための行為、あるいは見せかけの行為へと変質してしまうと指摘している。もちろん大人が子どもたちの生活を見守る、という点は否定されないものである。しかし、ここでも学びの機会は奪われてしまう。子ども同士でのトラブルは本来子ども同士で解決していく中で、コミュニケーション能力や問題解決能力などの力を身につけることができる。言い換えれば、子ども同士のもめごとやトラブルという現象を、教師がどのように捉え、対応していくかによって、教育的に意義を深めることも、なくしてしまうことにもなるということである。

2 エピソードから検証——ユーモア的態度の子どもへの影響

ダックス先生は、子どもの行為、発話、態度に対して、二つの特徴を以て対応していると言える。一つは、いわゆる学校教育を正しいと信じる優等生を具現化した存在であるキヨコの、学級目標を正しいと信じる〈正しいことは良いこと〉という姿勢を揺さぶるような、価値観の揺らぎをもたらすという特徴である。学校教育における「正しいこと」は必ずしも「良いこと」とは限らないこと、それを守ること自体が意味あることではなく、生きていくための学びにつながっていなければ意味がないということ、を態度で示す特徴が表れている。I・イリッチ（一九七六）は「誰もが、学校の外で、いかに生きるべきかを学習する」と指摘したような、学校という場所の虚構性、教師の能力の限界を十分に自覚した上での、子どもに対する働きかけであると言える。キヨコはこのやり取りを通して、この時点では学びにはつながっていないが、キヨコを含めた子どもたちに、生きていく上でルールや規範を受動的に守るだけの生き方から脱却させ、主体的に考え行動する姿勢の回復への道を拓いている。

二つ目のエピソードでは、いじわるをするシゲルへの指導を促すキヨコとダックス先生のやり取りの場面である。この時のダックス先生の態度の特徴は、教師が指導的立場で子ども同士の関係に介入することを良しとしていない点である。ここには、人間関係におけるトラブルを「悪いこと」とはせずに、子どもたちにとって「良い学び」の機会と捉え、大人の介入によってトラブルを解決することが正しい（学校教育上は正しいとされる）と信じるキヨコと対立することになるが、この教師の指導をある意味否定（教育の伝達不可能性）する態度を保ちながらも、トラブルを通して成長してもらいたいと願う（自他関係の肯定）教師の姿勢が分かりやすく出ている。

キヨコの報告によって、ダックス先生が動いて問題が解決されたとしても、タカシが自分で考え、行動する機会は奪われる可能性は高い。シゲルにぶつかっていく、話をする、それが無理なら、先生に相談にいく、という解決に向けた様々な選択肢が限定されてしまうからである。結果的に、タカシはどの選択肢も選べずにしんどい思いだけで終わってしまうかもしれない。しかし、既存の学校的価値に則った大人の安易な介入は、子どもの多様な形態の学びの機会を奪う。このような暴力的な機能が教育には少なからず備わっていることを自覚しつつ、目の前にいる子どもと真摯に関わるという姿勢もユーモア的な態度であると言える。

この二つのエピソードを通して、子どもの行為に対してユーモア的態度を以て対応することによって、子ども自身にとってはこの時点では、何の意味もなく、しんどい経験にしかならないこともあるだろうが、様々な学びの余地を与えることになることが言える。ルール、規範、学習、などの決められてしまったことをいかに守るかではなく、それがどのような意味をもつのか、どのようにそれと向き合うべきか、それらが自分の人生にとってどのような意味をもつのか、考え、行動するスペースが与えられるのである。そこで結果的には価値的な行為を生む子どももいれば、そうでない子どももいるだろう。しかし、その学びの余地を生みだす教育こそ、シニシズムに抗するものなのである。そして、そのためにはこのユーモア的態度を以て臨む教師の姿勢が求められるのである。

第三節　子どもにとってのユーモア的態度の意義

1　第Ⅱ部のまとめ

第Ⅱ部では、第一章「子どもとユーモア」と題して、本著が対象の一つとしている、子ども問題に焦点を当てて、どのようなことが子どもを巡る問題として語られているのかについて整理した。

学校におけるいじめ、暴力、不登校、学力問題、そして少子化、子どもの貧困、格差・排除などの現象が問題として言説化されている。その上で、子どもたちの主体的に生きることや学びからの逃走、無気力・無関心などのシニシズム現象が外面的に現れるようになって久しいという点も指摘した。さらに、新自由主義の広まりによって、格差が広がり、排除的な社会の雰囲気が教育の場にも広がっている。発達障害と診断される子どもの急増や、特別支援学校の在籍児童が増え続けている現象は、普通学校の居づらさを示す一つの指標と言えるのかもしれない。互いが互いを評価し、監視し合う社会において、学校・教師に対する社会の視線の厳しさは増すばかりで、その重圧のストレスは子どもにものし掛かっている。教員評価、学校評価の強化は、ゼロトレランス方式やスタンダリゼーションのような子どもの管理を強める方策[4]を選択させることになってくる。

第一章では、特に、このゼロトレランス方式の問題性を指摘しつつ、今後一層子どもの教育の場に広がる無気力、無関心、シニシズムの蔓延に抗するものとしてユーモア的態度の可能性について論じた。ゼロトレランスは、子どもの規範意識を高めるために、子どもの問題行動に対して非寛容な指導で臨むという指導方法である。しかし、一方で子どもの失敗から学ぶ経験や、「なぜしてはいけないのか」というような思考を介した学びの機会を奪ってしまい、怒られたくないからルールを守るというような子どもを育てるだけになることを危惧するものである。場合によっては、教師―生徒間の豊かな関係性をマニュアル化によって失わせ、より一層無気力・無関心、シニシズムを根付かせてしまうことになりかねない。

第二章では、子どものユーモア的態度ということで、子どもが生み出す笑いに注目し、教師のユーモア的態度とは何かについての探究を行った。特に、既存の学校教育において無視されがちな、「ふざけ」という行為を軸に、子どもの笑いと教育的意義について論じている。その中で、「ふざけから起こる子どもの笑い」は、まさに教育の境界線上にある領域であり、教育的意義を見出せるものから、他人を傷つけ、学びにもならない領域まで、どのように捉えるか非常に曖昧で難しいものであった。しかしその中で、作文発表で見られた「ふざけ」を通した話題の広がり、発表の楽しさの共有、主体的な取り組みなど、豊かな実践が確認できた。これは、第一章で取り上げたゼロトレランス方式が切り捨ててしまう領域で起こり得る現象であり、同時にこの方式の問題性を示す一つの事例とも位置づけることができる。

2 教師のユーモア的態度に対する子どもにとっての意義

第Ⅱ部では、子どもが起こす笑いを含めた行為にどのように教師や大人が応えるかを一つのテーマにしてきた。そして、その応え方次第で教育の現場を意義あるものとしたり、毒としたり、また大切なものに気づかずに無視する場にもなる。そして、その意義あるものとして現場に共有される、「よい雰囲気」「可笑しみ」として立ち表せることのできる態度としてユーモア的態度の意義を確認できたのではないだろうか。

そして、ユーモア的態度について改めて確認できたことは、教師自身がその存在をいかに相対化し、教育の限界を自覚し、子どもと対峙できるかという点にかかっているということである。教師自身ができることの限界とはなにか、という点は個人差もあり、はっきりとは言えないが、一つは少なくとも学校教育における「正しい」とされていることを子どもたちに伝えることがいかに難しいことかを自覚することであろう。第三章で紹介したダックス先生はその一つのモデルとして提示したつもりである。学校で正しいとされているルールを学ばせることの意味や、本当の学びの難しさを自覚する中で子どもと向き合えば、等身大の人間、教師という枠に囚われない人生の先輩としての振る舞い、そこに我々はふっとした笑いや可笑しみを感じてしまうのではないだろうか。枝廣実践における事例や子どもたちとダックス先生との関わりに、豊かな人間関係の何かを感じる。この何かを感じさせる態度こそ、息苦しい形で進んでいる学校・教育を解放するユーモア的態度と言えるのではないだろうか。

注

1　脱構築とは、教師としての自信のアイデンティティを現実なものとして直視しながら、同時に、それを批判して自己相対化していく、両義的な姿勢のことである（小玉、二〇〇三）。

2　アメリカでは一九七〇年代から学級崩壊が深刻化し、学校構内での銃の持込みや発砲事件、薬物汚染、飲酒、暴力、いじめ、性行為、学力低下や教師への反抗などの諸問題を生じた。その対策として取られた手法の一つが、ゼロトレランス方式である。

3　日本の児童文学作家。

4　「プログレッシブディシプリン」や「〇〇スタンダード」「〇〇ベーシック」（〇〇には学校名や自治体名が入る）といった新たな呼び名を冠して、生活指導だけでなく学習規律の指導、管理を目的に全国各地の学校に広がっている（木村、二〇一五）。

参考文献

イリッチ、イヴァン著／東洋・小澤周三訳（一九七七）『脱学校の社会』東京創元社。

加藤十八編著（二〇〇六）『ゼロトレランス――規範意識をどう育てるか』学事出版。

木村浩則（二〇一五）「パフォーマンスの統治とゼロ・トレランス国家」民主教育研究所編『季刊　人間と教育』旬報社。

小玉重夫（二〇〇三）『シティズンシップの教育思想』白澤社（発売・現代書館）。

灰谷健次郎（一九八一）『きみはダックス先生がきらいか』大日本図書。

山田潮・桑原清（二〇一〇）「毅然とした態度で厳罰化を推し進める生徒指導の位相について――ゼロトレランス理論の限界」『北海道教育大学紀要（教育科学編）』第六〇巻第二号、一一三―一二八頁。

若狭蔵之助（一九九四）『フレネへの道　生活に向かって学校を開く』青木書店。

コラム

にぎわいと可笑しみがある保健室

古角好美

「DIARY―メモ帳」はメタボ！

みなさんはどういう記録の残し方をしているでしょうか。どうも私は、記録物の整理が乱雑で必要な資料が見当たらないことも少なくありません。特に、学校現場で勤務した三五年間において、保健室に来室する児童の保健室でのつぶやきから教えられたことや、ヒヤリとしたりハッとしたりするような体験談からの学びを整理もせずに単なるメモとして残してきました。

A4判ノートに健康に関する新聞記事の切り抜き添付・保健室でのエピソード・保健指導を行うときのネタ・実践研究のためのリサーチクエスチョン・保健室経営目標に関すること・家族のお祝い事などを次々と脈絡もなく殴り書きし、そのメモを記録に残すというような保存をしてきました。それを自称「DIARY―メモ帳」と呼び、版を重ねるごとにナンバーとなる数字を付けていました。

つまり、時間軸（日付）にそって、私の目に留まった（触角が動いた）大事だと感じたことは、何でもかんでもそのノートに綴じ込めるという方法です。（時には飲食したお料理の品書きや給料明細票など含む。）今となっては、段ボール箱に整理ができないほどになっています。数十冊もある「DIARY―メモ帳」は、どれもこれも中央部が膨れたメタボ状態（添付した用紙を重ねて糊付けしたため分厚くなっている）です。メモ帳が生活習慣病になった状態でしょうか。

新聞記事の切抜きを見つけた！

本コラムを書くに至って、改めて「DIARY—メモ帳」を読み返すことにしました。セピア色にやや変色した懐かしい匂いのするノートから、ある児童らの保健室でのエピソードが飛び出してきました。そこにはA新聞社に私が投稿した記事〈ひととき〉が貼り付けてありました。編集者がつけたと思われる記事のタイトルは、「にぎわう保健室（一九九四年三月）」でした。保健室登校という言葉すら社会的に認知されていない頃の二十年前の出来事です。

当時の保健室は、一般的に「用事のない人（身体症状がない）は入ってはいけません」というルールがあったり、そのような決まりがなくても誰もが気軽に入ったりできない雰囲気が漂っている場所でした。換言すれば、保健室に行く場合は、その理由を担任や教科担当者に告げてから出向く場所であり、何となく立ち寄るというような部屋ではなかったのです。

＊

ほとんど定刻どおりに彼らはやってくる。まるで自分の部屋であるかのように扉をガラーと開けて靴をバラバラに脱ぎ捨てる。鞄はほぼ決まったところに置く。暖房中でもお構いなしに扉は大きく開いたままだ。冷たい空気がスーと入ってくる。「さあ、今日は何の話を聞こうか」と私（養護教諭）は思い、事務作業の手を休め彼らに視線を合わせる。「ドア閉めてよ。寒いよ」。今日はこの会話から始まった。

私の部屋とは「保健室」であり、彼らとは知的障害がある二人の児童（Aさん・Bさん）だ。

その日はちょうど保健室前にある掲示板に飾り付ける「おひなさま」を折り紙や画用紙で作っていた。彼らは口角につばを溜め込み「お手伝い」「お手伝い」といい、画用紙の切れ端とセロハンテープとハサミで円錐状のものを作った。Aさんはそれを自分の口に付けて「鳥のくちばし」といって私の顔に何回も摺り寄せた。

その様子をそばで見ていた女子の数人は「ほんまや！」とうなずき、ケラケラと明るい声を保健室いっぱいに響かせた。

しばらくすると、一年生の児童が擦り傷を負って保健室に入ってきた。私がケガの手当てをしていると彼らは大丈夫かなと覗き込む。Bさんは、「痛い？」「痛い？」と何回も聞き直し、Aさんは、「お風呂から上がったら薬ぬりや」と低い声で「間」をおきながらボソボソと話した。

そしてまた一人、扉を開けて入ってくる。放課後の保健室はまるでサロンのようだ。

下校のチャイムが鳴った。それとともに、私の「さあ、（家に）帰ろうか」の声がけで、今日のサロンは閉店となる。

にぎわう保健室が原点だった

今でも上記に示したその光景は、写真を撮ったかのように鮮明に描くことができます。そして、彼ら二人の特徴を思い出します。特にAさんは、虫歯が一本もありませんでした。歯科検診のときも大きな口を開けたままジッとし、眼球だけが左右にキョロキョロと動いていました。時折私が口腔内をチェックすると、常に歯垢が残っており歯磨きが十分とはいえない状態でした。けれど、なぜか虫歯は見当たりません。彼は、おしゃべりをすると、唾液が口角に溜まり、あちこちにつばが飛び散ることが多かったです。人より多い唾液が影響し、虫歯ができないのかもしれないと歯科校医に相談したことを思い出しました。風邪様疾患で欠席することもありませんでした。

ある年、私が通勤で使用している最寄駅の改札口で偶然彼に出会ったのです。身長は伸びていましたが体型は以前のままでした。思わずその当時の愛称名で呼びかけると、驚いた表情とともにニコッと笑顔が返ってきました。「（先生のこと）覚えてる？」と尋ねると、「うん」とうなずく様子は小学生のままでした。二七歳になった彼は、髭がうっすらと伸びてはいましたが、小学生当時の仕草で話しかけてきました。まるでその場所は、当時の保健室と同じ雰囲気になりました。彼は、現在、授産所で働いていることを聞き、私は彼に会いに行く約束をとったのです。

数週間後、予告もせずに授産所を訪問しました。指導員の方の説明を聞くと、彼は、作業過程ではリーダーとなり誠実に仕事をこなしているようでした。指導員の先生に対し、

私は小学生の頃の彼との保健室でのエピソードを話す中で、ふと「虫歯0」を思い出したのです。その彼の口腔内を小学生の頃と同じように観察できるかも……と思い、その旨を本人に告げました。十数年以上も前に保健室で行っていた口腔内の観察です。はたして、彼はどんな態度を取るのか、想像はつきませんでした。彼は、ためらう様子もなく、髭の生えた大きな口を恥ずかしがらずに私に向けて開けたのです。ほぼ毎日のように、放課後、気軽に保健室に来室すると、養護教諭が決まりごとのように口の中を観察するという行為が再現された場所になりました。小学生の頃にはなかった上下の大臼歯に処置歯がみえた瞬間でした。その場面は、時空を超えた私と彼との間をつないでいた関係性が蘇ったひとときでもありました。

まるでサロンのように連日にぎわう保健室における数々のエピソードは、メタボ化した「ＤＩＡＲＹ―メモ帳」に残されたままになっていることが、今、気がかりとなっています。

第Ⅲ部　教師の仕事とユーモア

第一章　教育現場におけるユーモアの意義とユーモア的態度への変容について

枝廣直樹

第一節　ユーモア的態度を心がけるきっかけ

「日本人にはユーモアの感覚がないといわれる理由の一つとして、日常生活や社会生活で極端にまじめさが尊重され」「生活にときどきまぎれこむ笑いの要素はふまじめなものとして排斥されるか、あるいは、本来、笑いを帯びているものまでまじめなものとして受け取ってしまう」（織田、一九七九）。

「武士は二年に一回片頬で笑む」「笑わないのは威厳を保つためであり、しかも他人に笑われることは一種の侵害を受けたことになり、屈辱でもあった」（平井・山田、一九八九）。

右記のような、江戸時代的まじめ文化で育ってきた私にとって、関西での同僚や子どものユーモアとの出会いは強烈であった。

私は関東で小中高大学まで育ち、小学校教諭になるときに兵庫県にやってきた。（関東で育ち関西で小学校教諭になる人は珍しい、少なくとも私は出会ったことがない。）関東にいたときには、（一部例外的な先生もいたが、基本的には）関東のまじめさを重視する武士道の精神か、笑いを取らない先生が一般的であり、笑いを取らない生徒が一般的であった。私自身もその中にいて、笑いを取らない一人であった。

そんな私が関西で職を得て驚いたのが、職員室がユーモアに満ちていることであった。職員朝会で笑いが起こるのは当たり前、自己紹介で笑いを取るのは当たり前（のように私には見えた）。教師は笑いを取る能力がないとできないのか、と思ったが、初めの新職員歓迎会で給食の調理師の方まで笑いを取っているのには心底驚いた。それまで笑いを取るなんて考えもしなかった私からしたら、来る場所を間違えたと思った。自分に公の場で話が回ってくるのが恐ろしかった。

それでも必死に関西に馴染もうと、先輩先生や児童の受け答えを観察した。

例えば子ども同士の会話である。関東でなら、「そんなこと言ったらいけません」と注意される場面でも、初任校では言われた側も言った側もへへへと笑って済ます。そんなことが度々あった。かといっていじめが起こるような雰囲気があるかというと、全く逆で、いじめなんてどのように起こるのか想像だにできないといった雰囲気があった。いじめ全盛の時期に育ち、いじめを解決してやる！と息巻いていた私にとっては拍子抜けした部分もあったが、この雰囲気は素晴らしいと考え、自分の内にある規範の一つひとつをよくよく吟味して、子どもに適応させていった。

私は初任校においてユーモアとは何か考える機会をたくさん得た。例えば、教師として子どもを叱るときに、初任校の子どもは怒られているのに笑わそうとしてくることがあり、私には驚きであった（叱る場面で笑わそうとされるなんて考えたこともなかった）。笑わそうとする子に対しどうしたらよいか分からず、つられて笑ってしまうこともあった。しかし周りを観察すると、そこで笑ってはいけないようである。（そこで笑っていては指導ができない。よく考えれば当然のことである。）

ある先生からは「一授業一笑い」を目標にするのだと教わった。当時の私には（今でもだが）到底達成し得ない無理難題であり、遠い宇宙の深淵を思わせるような気持ちになった。またある先生はどんなに怒っても必ず笑わせてから子どもを家に帰らせるのだと言った。そうしたら家で学校の文句は言わないそうだ。また別の先生は、関西人の義務は四大義務であり、「勤労、納税、教育、笑い」と言い放った。関西人はそれだけ笑いやユーモアを大切にしている。こうした笑いのプロフェッショナルとも言える大人に囲まれて、関西の子どもたちは笑いのセンスをどんどん磨いていく。

ここで述べたいのは、単純に関西が良くて関東が悪いという話ではない。観察の結果、関西にも笑いをほとんど取らない先生はおり、関東にももちろん笑いを取る先生は存在する。上記の初任校にはいじめはほとんどなく、不登校児童はほぼ存在しなかったが、市内二校目には一定数存在した。もちろん関東も関西もいろいろある。私の勤務校は関西の中でも関西色の強い下町にある。また、私自身の性格やタイミングによりカルチャーショックが強烈になりすぎたというのもある。ここで私が述べたいのはユーモアには差異があるということである。

無理を承知で私の経験により一般化させていただくと、私が今まで育ってきた環境におけるユーモア（ここでは「関東のユーモア」とする）と初任校でのユーモア（ここでは「関西のユーモア」とする）には違いがある。

①まず、関東のユーモアは相手を下げることで笑いを取ることが多い。武士中心社会における笑い

の在り方である。一方、関西のユーモアは自分を下げることで笑いを取ることが多い。商人中心社会におけるユーモアの在り方とすると理解しやすい。関西のユーモアの例として、私が見学した授業（少々頭の毛が薄い年配の男性の先生による）の例をあげる。

【例1】教師「何でこの黒板、チョークがすべるねん？」
児童「黒板がつるつるしているからや」
教師「誰がつるっパゲやねん！」

【例2】児童「先生、黒板が光って見えません。」
教師（頭をなでながら）「誰がまぶしいんや！」

②また、関東のユーモアは次に何がくるかわからない中で予想外のことが起こることによるものが多く、関西のユーモアは来る来る来る、来た!! という予定調和のものが多い。これも関西でよくある例をあげる。（吉本新喜劇のギャグなのでそもそも関東では通じないだろう。）

【例3】教室に入る教師「じゃまするでー」
児童「じゃまするなら帰ってー」
教師「ほな、またなーっ（教室を出て行く）てなんでやねん！」

端的に言うとユーモアの質が違う。関西のユーモアについて、関東で育った私には「え？ 今の何が面白いの？」と感じることもたくさんあった。逆に自分としては面白いと思って言ったつもりのことが全くうけないということもたくさんあった。

③そもそも、関東のユーモアは関西のユーモアと比べ極端に量が少ない。逆に言えば関西はちょっとしたことでも笑いが起きる。ユーモアの量が違い、ユーモアを重視する度合いが違う。

そうした違いを踏まえることなく、安易に「教師は笑いを取るべきだ」と高らかに叫ぶのは日本の地域間差異を無視していることになると考える。現に私は笑いを国民の義務と称する地域において笑いがそうそう取れないで苦しんでいた。「教師は笑いを取るべきだ」という立場に立てば私は教師失格であり、国民の義務を果たさぬ非国民である。大体において、日本全国どこへ行ってもバンバン笑いが取れる先生なんてほとんど存在しないのではないだろうか。（存在するかもしれない、ただの言い訳かもしれない。）ならば教室内に溢れている多様なユーモアを教師がすくい上げ、認めることこそ大切なのではないだろうか。私が選んだのは、教師が笑いを取れなくともユーモアのある教室にする道であった。換言すれば、教師のユーモア的態度への変容である。こうして、私は自然とユーモア的態度のある教師を目指すようになった。

第二節　教育現場におけるユーモアの意義

1　手段としてのユーモア

ユーモア的態度のある教師を心がけるため、私は周囲の教師の立ち振る舞いをつぶさに観察した。例えば、初任校にいた先生は笑いのある場面とまじめにする場面を上手に使い分けているようであった。授業の初めに脱線話をしてどっと笑わせる。児童の注意を保ったまま、すっと学習内容に入っていく。〔これは山口正信（二〇一〇）の指摘する、「脱線する発展性と本線に引き戻す復元力（笑いのバイパス効果）」の能力の高さと言える。〕第一に、学習への「手段としてのユーモア」は有効なようである。

考えてみれば、私たちは幼児に対しても日常的にユーモアを用いて学習の補助としている。例えば洋服を着るときに「こっちのトンネルからおてての電車出てくるかなー」と言ってみる。怪我をして痛いときに「痛いの痛いのとんでけー。あー、お山の向こうに飛んで行ったー」などと言ってみる。ミニトマトを食べない私の二歳の娘に「リスさんしてみよう」と言ってミニトマトを口の中に入れてリスのように頬を膨らませてみる。そのまま「風邪をひくから洋服着なさい」「栄養のためにご飯食べなさい」では、てんで話を聞かないときの親の生み出した知恵である。学校においても、算数の単位換算において「キョロキョロとヘクトでかけた……」とゴロで覚えたり、ある数を一〇倍して後ろに〇がつくことを「背後霊」と表してみたりする。学校は教師の苦労と努力によりたくさんのユーモアに満ちていると言える。

2　目的としてのユーモア

私が教師をしていて感じたユーモアの意義として、第二に、ユーモアそれ自体が有効に働く「目的としてのユーモア」の効果があるように思う。例えば、雰囲気としてのユーモアの意義がある。

前述の頭髪の薄い教師の例をあげれば、「誰がまぶしいんや！」と教師が自らを崩すことで、教室が柔らかい雰囲気で包まれていることがその場にいなくても容易に想像できるだろう。この教師はどちらかと言えば厳しい先生であり、教室にもピリッとした雰囲気が漂っていた。そうした雰囲気の中、一服の清涼剤としてユーモアが爽やかに吹き抜ける。この教師は一時学校的価値を相対化し、自分の頭にスポットライトを当てることで、自他関係を肯定したと言えるだろう。まさにユーモアの表出である。教室がユーモアに包まれた状態にあると、児童は生き生きと学校生活を過ごすことができる。ゼロトレランスの厳格な雰囲気だけでは、第Ⅱ部でも述べられていたように、形だけうまくやっておこうという雰囲気が蔓延し、シニシズムに包まれる。形だけうまくやれない児童はいじめられるなどして不登校になる。形だけうまくやる術を身につけた子どもは「バレなければいい」というダブルスタンダードな行動規範を身につけたり、現状を変えることに労力を使わないように成長したりする。一方でユーモアのある学級には自分をはっきりと表出できる場がある。自分を出すことを認めてくれる友人がいる。そうした雰囲気を認めてくれる教師がいる。ユーモア的雰囲気の中で子どもは自己を見つめ自我を成長させることができる。

また、「目的としてのユーモア」の効果として、ちょっと違った考え方ができるようになるということがあるように感じる。これは数値化できないものなのではっきり「ある」と言い切ることは躊躇される部分もある。ただ、イギリスの社会科学者デボノ博士（一九三三―）が提唱した水平思考と呼ぶものが近いように思う。水平思考とは、「ある問題に対し、今まで行われてきた理論や枠にとらわれずに、全く違った角度から新しいアイデアを生もうとする考え方」（『大辞泉』小学館）である。「垂直思考だけでなく、本道の脇にあるもう一つの道、大切な心配りのようなもの。しかし、この方向への配慮から思いがけない発想が誕生することが確かにある」として、阿刀田高（二〇〇一）は水平思考のユーモアの重要性を認めている。

例をあげる。一問一答式の授業形態は全国で行われている。正答が答えられる児童はたくさん手をあげ、たくさん発表して褒められる機会も多い。ただ、そうした優等生でない子もたくさんいる。正答のみを追い求める授業をしていると、デボノ博士に依拠して言うに、垂直思考だけになり、水平思考が育っていかない。第Ⅱ部第二章であげた、「太平洋ベルト」から仮面ライダーのライダーベルトを想像して発言するTは、授業で習う事柄を自分の生活に結びつけて考えている。単なる暗記ではなく、自分の生活と結びつけることで、網の目状の広い世界が頭の中に作られるように思う。学習内容にまっすぐにつながらなくとも、児童生徒の思考の土壌を豊かに耕すような効果がユーモアにはある。また、水平思考の効果を教師が知っておくことで、Tのような子は活躍の場を与えられる。Tは学力の面でいわゆる優等生とは言えないが、そうした子にも活躍の場があり、いろんな子が活きてくる教室が作られてくる。垂直思考だけを育てる教室ではそうはいかない。Tが活躍する場は用意されない。みんなが活躍できるという意味でもユーモアは大切である。

第三節　ユーモア的態度への変容

それではユーモア的態度をもつ教師になるには、どう変わっていけばよいのか？　脱線話によりどっと笑わせ、すっと授業に入る教師や自分の頭を引き合いに笑いを起こし、教室に爽やかな風を吹かせる教師の姿は私たちに眩しく映っても、教師の達人のなす技で、私たちには一朝一夕で身につけることのできないもののように思われる。ユーモア的態度はどんな教師でも容易に取り組めるものでなくてはならない。私がユーモア的態度を目指すに当たって自然と参考にしたのは関西の風土であった。

1　学校的価値観の相対化

関東と関西でどちらが良いとか悪いとか言わないと言ったが、関西の風土はユーモアを考える上で大いに参考になった。前述のように関西には笑いが起こりやすい風土がある。換言すれば、ルールが「ゆるい」。

十年ほど前の話だが、ある先生は児童に向かって「あほ」とか「ぼけ」とか平気で言っていた（それを聞いて私は言っていいのだと思ったが、後に言ってはいけなかったことに気づく）にもかかわらず、保護者からの苦情もなかった。（とはいえ教師が「あほ」や「ぼけ」と絶対に言ってはいけない。）また、逆に先生に対して口の悪い児童もおり、「タメ口」をきく児童も多くいた。当初、私は「関西人は敬語を知らないのか！」とプンプンしたものだが、どうやら私が知らず知らずに学校的価値観に染まっていたところもあるのでは、と次第に考えるようになってきた。これは特に若い女性の先生によく見られる傾向であるが、初任校の先生はベテランの五十代、六十代の先生に対し平気で「タメ口」で話すことがあった。当時の私の感覚からするとベテランの先生が怒り出すのでは？　とヒヤヒヤした。だが、ベテランの先生は意に介さず楽しそうに若い先生と話をしている。年上の人には敬語で話すのが常識であった私は固定観念を激しく揺さぶられた。

歩行者にとって、関東では赤信号は「(絶対に)止まれ」だが、関西では「気をつけて渡りましょう」である、とどっちも経験した私は感じる。関東の人と話をしたときに、「関西人は車線変更のときにウインカーを出さないのがイヤ」という話を複数人から聞いたことがある。私からすると関西人は必要のないところで(危険のないところで)出していないだけである。

そこで関東の人は「ルールだからウインカーを出さなければ許さない」という思考が働いているように思う。(自分もそうだった。)むしろ関西には関西のルールがあり、関西のルールで車を運転している。「ウインカーを出さないのがイヤ」という人は学校的価値観の絶対化にはまっていると言えないだろうか。「いや、ルールを守ることは大切だ」と思う人も多いだろう。では、あなたは今まで車を運転していて制限速度を全く必ず超えずに守ってきたのか?　屁理屈と思われるかもしれない。でも車線変更と(多分きっと)同じことのように思う。考えてみると社会のルールで曖昧なものってけっこうある。社会で決まった価値観から一歩引いてみる、一瞬間を取ってみる。絶対だと思っていた考えにも違う見方があるのではないか、というのが学校的価値観の相対化であると考える。

(また、関西と関東と逆にした場合に当てはまることもたくさんある。関西に来てすぐの頃、私なりに普通に話していたのに、「関東人はすかしている……」などと言われ傷ついた経験が私にもある。関東で普通と思われることが関西で普通でないこともあり、もちろんその逆もあるのだ。関東、関西、その他の地域にもいろんな人がいて、一概に一般化できるものではないだろう。また、関東と関西という喩えは都会と田舎という喩えにも共通する部分があるように思う。本土と沖縄、本州と九州、日本と外国、若者と年寄り、男と女など、読者の分かり易い例で当てはめて考えてほしい。）

学校も「ウインカー」問題のように、知らずに「絶対だ」とルールを決め付けてしまっているものがたくさんある。例えば前述のように「この場面で笑ってはいけない」「ここは厳しくしないと」などと固く信じている部分が、人により、地域により大きく差があるということである。第Ⅱ部第二章にあげたように、スピーチや発表の意味についても多様な捉え方ができるだろう。自分の信念について、固定観念について、一歩立ち止まりちょっと疑ってみる余地はあるだろうし、疑うだけの価値はある。

2 自他関係の肯定

前述の敬語について、中学・高校と野球部に所属し先輩は絶対という縦社会で育った私にとっては、受け入れにかなりの時間を要した。（今でも「タメ口」は苦手である。）ただ、関西人の会話をよく観察してみると、敬語は他人との距離感の要因となっており、「タメ口」で話をすることは一対一の関係において心を開き距離を縮める意志の表れのようである。

関西では知らない人と話す機会が多い。私自身に子どもができてからはなおさらである。知らない人が次々話しかけてくる。子どもに対しては、飴をくれたり、饅頭をくれたり、たい焼きを食べていたのに「もっと食べなさい」と言って、たい焼きをわざわざ買ってくれたりすることもあった。知らない人と知人とはっきり区別する東京文化は私にとってけっこう居心地が良いものであり、関西の馴れ馴れしさに初めはだいぶとまどった。ただ、進んで知らない人に話しかけるいわゆる「大阪のおばちゃん」タイプの人は、「タメ口」を多用する関西文化に照らして考えると、一対一を大切にしたコミュニケーションを取っているとも言えるのではないだろうか。

例をあげる。美容院で髪を洗うときに、「かゆいところはないですか」と聞かれるのは日本全国けっこうあるだろう。大抵「ないです」「大丈夫です」「はい」などと答えるのだろう。私は大抵そう答える。答えが分かっているのに、聞く。単に「もう終わります」という合図の意味もあるらしい。美容師は相手がかゆいところがあると思って聞いていない。マニュアルにあるから聞いているのであって、そこに相手はいない。誰がそこにいても同じである。スポットライトは自分にも相手にも当たらない。みんなと一緒でいるのが気持ちいいと考えるからスポットライトを使わない。そうなると一人ひとりの顔がよく見えない。はっきりしない一人ひとりの中でいかに目立たずやり過ごすか考えているのが今の日本社会の特徴の一側面だと思う。（だからこそ、ＫＹとか、既読スルーなんて言葉が生まれると思う。）

そこで「ここかいて」と言う関西人もいるらしい。（私は一度も言ったことはない。）そうなると質問がマニュアルでなくなる。本気で相手にかゆいところはないんかな、と思って質問しなければならなくなる。そこには、そこにしかいない相手がいて、そこにしかいない自分がいる。スポットライトが相手に当てられ、自分に当たる可能性も残す。今の時代そうしたコミュニケーションこそ大切に思うのである。自他関係の肯定である。

コンビニエンスストアで知らない店員と立ち話をする人がいる。デパートの洋服売り場の店員に話しかけられるのがイヤだという人がいる。前者は自他関係の肯定であり、後者は自他関係の否定である。私は社交的でないし、どちらかと言えば後者の人間である。ただ自分のことを棚に上げて思うのだが、第Ⅱ部で述べられていたような、シニシズム、無気力、島宇宙などはこの辺の日本文化とつながっていないだろうか。平気で知らない人に話しかける「大阪のおばちゃん」と言われるタイプの人たちは、自他関係を肯定した生き方を自然と身につけているように思う。見習う点はある。

学校で言えば、マニュアルに陥りがちな状況（第Ⅱ部にあるスピーチの例、一斉授業、係、当番活動など）において、教師―生徒関係においても、生徒―生徒関係においても、個々にスポットライトが当たっているのかどうか、一対一の関係をつくれているかどうか、目を光らせて確認していく必要がある。（一人で三〇人も四〇人も見ている学級担任にはこれがなかなか難しいのだが。）

（余談だが、あくまで私見として、関西に一〇年以上住んでいて、関西もかなりルールが大切にされ、人間関係がマニュアル化してきているように思う。ルールは確かに大切だが、個人的には少し残念な気もする。）

3　学校的価値観の相対化と自他関係の肯定

学校的価値観の相対化と自他関係の肯定はどちらか一つではユーモアとならない。ユーモア的態度への変容の具体例として、脱線と素の表出を挙げる。脱線と素は、どちらも山口正信（二〇一〇）、矢島伸男（二〇一二）らによりその効果はすでに指摘されている。そこに学校的価値観の相対化と自他関係の肯定、両方の視点を入れることで、ユーモア的態度への変容の方法を提示する。

（1）脱線

授業においてよく脱線する教師とほとんど脱線しない教師がいる。というより、実際の授業において脱線する教師は多い。にもかかわらずシニシズムが蔓延した雰囲気が依然として学校にある。なぜか？　芹沢光治良（一九九一）は自身が受けた大正期の東京帝国大学の授業の様子を次のように書いている。

或る教授の講義はその著書をそのまま、教室で話すのにすぎなかった。或る教授はノートをとらせるが、内容はプリントになって売り出されている前年の講義と全く同一で、しかも、ノートの途中で、ノートの手を休めさせるために話す教授の雑談や冗談まで、同じであった。……そして、どの教授とも個人的な交渉はもてなかった。

松浦良充（二〇〇二）はこの文にあるような風景は近年急速に失われたと書いている。確かに変化している部分はあるのだろうが、失われたかどうかについては大いに疑問がある。現場の感覚として、この例までではないにしても、依然、多々ある。私自身の授業としてもこの例から反省させられるところは多々ある。雑務に追われる毎日の中、授業研究に時間がかけられず前と同じ内容を話す。前にうまくいったのと同じところで笑いを取ろうとする。（とはいえ、子どもが違えば往々にして、昨年うけたものがその年うけなかったりするのだが……。）教師であれば多かれ少なかれ当てはまる部分はあるのではないだろうか。

脱線話自体が授業の本道から離れているため、脱線する教師は学校的価値を相対化していると言える。しかし、自他関係で考えるとどうか。大正時代の教授の雑談は自他関係を肯定しているとは言えない。毎年生徒は替わっても全く同じ話をするのである。その教授にとっては、聞いている人が誰であっても同じである。そこに光の当たる他者はいない。学校的価値が相対化されながら、自他関係を否定しているこの授業は、容易にシニシズムに陥ると言える。

前に例をあげた授業のつかみで笑わせてスムーズに授業に入る教師について考えてみよう。これは山口の言う「笑いのバイパス効果」があるように思われる。しかし、第二節であげた手段としてのユーモア（学習のため、生活のための笑い）であるならば、この教師も容易にシニシズムに陥る可能性がある。授業にスムーズに入るためにユーモアを利用しているという自覚が教師にあれば、そこに自他関係の意識が働いていないことが考えられる。相手が誰であっても同じである笑いはシニカルに響く。

また、必要以上の脱線を生まない教師というのも存在する。もちろん授業には時間があり、時間内に終わらなければならないのは分かるが、教師の脱線話に子どもが食いついてきたら時間の許す限りで話してもよいのではないか。あらかじめ脱線はこのぐらいの時間で、この話、と決まっている場合、研究授業では褒められても、そこに他者の意識は存在していないと言えるだろう。

別の視点から見れば、マンネリ化した脱線話をする教師自体がシニシズムに陥っていると考えることもできる。生徒が誰でもいいような脱線話は、言ってみれば教師が誰でもいい。教師がシニシズムにあれば、無気力や自律性のなさにつながる。下手すれば島宇宙のような世界が教師間においてもつくられるだろう。教師がシニシズムに陥っていると考えれば、その授業を聞く生徒もシニシズムに陥って当然と言える。

　ではどうすればよいか。教師が、今日は最近集中力のないあの子どもを笑わせてやろう、今日は最近元気のないあの子をいじってやろうという狙いをもっているとすれば、そこには自他関係が認められると言えよう。ここにいる生徒一人ひとりとこの私（教師）が今日この時間にこの教室で授業を共有することはかけがえのない経験である、という意識が大切である。脱線において、学校的価値の相対化、自他関係の肯定、どちらもあってユーモアが成立する。

　また、授業においてよく脱線する教師にあっても、児童の脱線は許さないことが多い。教師は教室において権力をもつ存在であると考えると、その行動はあながち間違っているとも言い切れない。ただし、自発的に児童生徒から脱線する状況をつくることで、教師にだけ当たっていたスポットライトが児童生徒に当たる可能性が示唆される。舞台が教卓から教室全体に広げられる。そうして教室内におけるユーモアは子どもの間にも育っていく。

　授業で話をしていて、少し違う方向の発言をする子というのは存在する。そうした発言をバッサリ切り捨てるのではなく、ある程度聞いてあげる、またはユーモアをもって返してあげる。そうしたところから始めてはどうだろうか。

　例をあげる。少し古いが「今でしょ」というフレーズが大流行した年があった。私は「いつやるの？」などと意識なく児童に問いかけてしまい、子どもたちから「今でしょ」の合唱が返ってくることがあった。児童としたら反射的に出てしまったものかもしれないが、これを「ふざけるな！」と全く許さないのでは学校的価値を絶対化し、〈正しいこと〉の伝達可能性を信じるだけの教師の姿である。一度教師のほうで受け止めて、笑ったりコメントを返したりする余裕が欲しい。（もちろん状況により許してはいけない場面もある。本気で教師が怒らなければいけない場面、例えば宿題を忘れないように前日に散々注意した子がまた宿題を忘れ、教師が「いつやるんだ！」と怒鳴る。こうした時に児童が「今でしょ」と言うのは許されないことであると私は捉えるだろう。）

第Ⅱ部で述べたように、私は「自由作文」という実践に取り組んでいた。「自由」という名前のとおり、作文に特に形を与えないことが多かった。自然と多様な話を子どもたちは教室に持ち込むようになる。質問も脱線しているのではないか、というものが多かった。ただ、復元力を教師がもってさえいれば、ある程度の脱線は認めていい。脱線する中で、話が膨らみ、児童の思考の畑の耕しが行われる。どれだけ耕せるか、畑の耕しに焦点を当てればよいのだ（と私は考える）。たとえ勉強の話であっても周りが興味をもてなければ聞き手には何も残らない。アニメの話であっても周りが興味をもつことができれば、（教師が導いてやれば）誰かの学習意欲につながることも考えられる。

児童からの自発的脱線を行う場合も、学校的価値と自他関係に焦点を当てる必要がある。児童が脱線をする。その都度教師は〈良いこと―良くないこと〉の基準を、教師―児童間、または児童―児童間において構築する。ここで脱線していてよいかどうか、教師―児童間で良いのか良くないのか、児童―児童間で良いのか良くないのか、頭を働かさなければならない。脱線により児童に焦点が当たる。スポットライトの中に引き連れられる。そうした機会は多いほうが良いと考える。また、できるだけ多数がスポットライトの中に出ることのできる状況をつくるほうが良いと考える。

例をあげる。子どものユーモアを許してもいつも同じ子という学級がある。スポットライトに当たる子が固定されると他の子にはスポットライトが当たらない。他の子はいつも暗いところにいるようになる。笑いを取ることにこだわるとこうした傾向になりやすい。笑いを取る子は道化役として固定化される。他の子は道化を見る観客として固定化される。大多数の子にとっては自他関係の否定、シニシズムの始まりである。誰でもスポットライトの中に出て行くことのできる雰囲気をつくりたい。教師は笑いを取る子だけでなく、全員を舞台に上げ、いろんな子にスポットライトが当たるように照明を動かす（第Ⅱ部第二章【例10】参照）。そのためには学校的価値と自他関係の両方について教師が意識的になる必要がある。

することと自体が難しくない児童からの自発的脱線の例として、ドッキリをあげる。

初めは子どもに対して行うとよいだろう。授業に遅れてきた児童に対して全員で取り組む。全員で寝ているふり、全員で階段に隠れて誰もいないふり、全員を壁沿いに立たせて怒っているふり、など。中学年くらいでも十分でき、高学年でも盛り上がる。（中学や高校でも十分楽しめるように思う。）仕掛けられた児童はきょとんとし、教室は笑いに包まれる。（初めは笑われることを極端に嫌がる児童をターゲットに選んではいけない。人選に注意が必要である。）

そのうちに主導権を児童に渡す。先生が遅れてきたときなどに黒板消しをドアに挟み落とすことなどを教える。現代のチョークは無害だが、汚れてしまうので、黒板消しをきれいにしておく、などのマナーは徹底しておいたほうがよい。わざと引っかかってあげると児童は大変喜ぶ。ドッキリは一瞬で終わるので復元力さえもっていれば授業時間に支障はない。

六年生の担任をした際、金曜日の五時間目に理科専科の授業があった。一時間教室で行われたため、専科の先生は教室にやってきて授業をした。この時間を利用し、児童と相談して毎週何かしらのドッキリを仕込むことにした。教室に入ったら馬の着ぐるみをかぶっていたり、教室に誰もいなかったり、先生を驚かせたり、はじめの授業の挨拶を集団でふざけてみたり、こういうことを考えるときの子どものアイデアは素晴らしい。金曜日というのは児童の集中力も足りないことが多い。さらに午後すぐは給食を食べた後で眠い子が多い。このドッキリを楽しみにする児童も一定数いた。理科専科の先生の授業は毎回面白いものだった。しかしたとえ授業内容に面白みが感じられなかったとしても、何かに面白みを感じられるということが大切ではないだろうか。

ドッキリは脱線をみんなで楽しむ一例であり、他の形でももちろんよい。授業のはじめにみんなで楽しめるゲームなどを入れてもよい。ドッキリにしろゲームにしろ、脱線によって、学校的価値を相対化し、自他関係を肯定している（先生や子どもは舞台に上がりスポットライトを浴びている）かどうか気をつけるとよい。そこに「教える―学ぶ」だけの関係に終わらない、お客さんとして受け身で授業を受けるだけでない、児童の姿がある。間違いなくユーモア的態度のある教室になっている。

（2）「素」

児童は教師のプライベートを知りたがる。可能な範囲で答えてあげればよい。ある年の学級は私の妻の名前と子どもの名前をみんなが知っていた。授業でもよく子どもの成長の話をした。お楽しみ会のゲームで罰ゲームをすることになり、窓から「○○（妻の名前）」と叫んで欲しいということになった。私は「○○大好きだー」と叫んだ。（授業中に外に向かって大きな声を出すことには問題がある。）

児童は大喜びであった。かといって教師として指導しにくくなるということはなかった。むしろ児童との距離が縮まった。ここにあるのは学校的価値観の相対化（プライベートな話を大きな声で外に叫ぶ）であり、自他関係の肯定（教師も一人の人間としてゲームに参加し、個人的な話をする）であると言えよう。

教師の「素」はすでに隠しきれないものとなっている。ゆえに教師は、「素」を覆い隠すのではなく、受け入れるという姿勢を持つ必要がある。少々の失敗やミスを気にせず、むしろ生徒と共に笑いあう心のゆとりを持つべきである。

しかし、教師が持っている「素」をさらけ出し、失敗や欠点に対して開き直ることでは問題の解決にはならない。それでは個性の押しつけであり、教師の人間的成長を否定することになる。教師自身が持っている「素」をいかにコントロールするか、という点が最大の焦点になる(7)。

矢島（二〇一二）は右記のように述べ、「素」をコントロールするために教師は「笑われ力」を身につけるべきだとする。私は、右記の考えに大いに同意する。「素」を見せないゼロトレランスな教室は危険である。ただ、矢島の言うように、教師が笑われることが大切だとは考えていない。

笑いを大切にしたときに子どもはどうなるのか。矢島には教師の「素」が子どもに移行するという視点はない。教師のそうした「笑われキャラ」的立ち振る舞いが子どもに移行し、笑われキャラをつくることで安心する子どもたちを育てはしないだろうか。学校ではおとなしく目立たないようにするために、笑われキャラを立てて役割を固定して身を守る。上記「脱線」の例であげた、道化役の固定と仕組みは同じである。そうしてシニシズムが増強され、順応主義のさとり世代と呼ばれるような大人が出来上がっていく恐れがあるように思えてならない。

本書で大切にしたいのは、笑いではなく、可笑しみであり、ユーモアである。そこで考えるべきは、やはり、学校的価値観と自他関係の視点である。ユーモア的雰囲気をつくり上げるための「素」の表出である。

一つ例をあげる。私は後頭部に生まれつき瘤があり、数年前、病院で見てもらったところ、後頭部頭蓋骨に十円玉ほどの穴があり、頭蓋内に水泡がある、一年間の経過観察が必要と言われた。頭の中のことであるので不安で、児童を叱ったときに頭痛がすると脳に何かあるのではと深刻に悩んだ。そもそも大人になってから自分の頭蓋骨に穴が空いていたと知ることは結構な衝撃であった。叱ることが怖くなり、教師という仕事が向いていないのではと悩んだ。プライベートなことなので話をする必要がないと判断し、同僚にも児童にもその話はしないでいた。心配をかけたくない心理もあった。頭のことが関係あったのかわからないが、自分としては学級に対してなにかしっくりこないものを感じていた。

約一年後、経過の診療の日、学校を午前中だけ休んだ。経過は良好ということであった。子どもたちに頭の話をすることにした。自分としては命に関わる問題であり、深刻に思い悩んでいたことであった。話をすることに勇気が必要だったが、午前中学校を休んだ理由をきちんと説明したいと考えた。

緊張しながら真面目に話をした。しかし、話を聞いた子どもたちは笑っていた。頭に穴が空いているというのが面白かったらしい。笑われたことは意外であったが、気持ちはすっきりした。頭のことも吹っ切れた。その後児童と関係が良くなったように感じた。

この時、私は笑われようなどと意識していたわけではない。確かに結果として笑いは起こったが、そこに可笑しみやユーモアがあったことが大切と考える。学校的な価値を大切にするあまり自他関係を否定しようとしていた私が、一人ひとりの確固たる人間同士として、学校的な価値を超えて、伝えることに真摯に向き合い、自他関係を肯定することによって表出した可笑しみでありユーモアである。

こうして教師がユーモアを大切にした「素」を表出していると、児童も「素」を表出するようになる。個人的な悩みをみんなに打ち明ける子、特技をみんなに披露する子、そうした表出を周りも受け入れる。人前で何かをすることを不得手にしていた子が得意のモノマネを披露したことがあった。また人前でしゃべることを不得手にしていた子が大好きな漫才に参加したことがあった。自他関係の肯定により自分が分かる、他人が分かる、分かるからこそつながることができる。こうして「みんなちがってみんないい」を内包したユーモア的雰囲気ができ上がっていく。

プライベートなことを必ず言わなければいけないとは言わない、また、学校教育にそぐわないプライベートな話をせぬよう注意が必要だ。しかし、学校的価値を相対化し、自他関係を肯定した「素」は、一人ひとりを認めるユーモア的雰囲気をつくる。

第四節　まとめ

本章では、教育現場におけるユーモアの意義について、また、教師がユーモア的態度を身につけるためにはどうしたらよいのかを、私なりに考察したものを提示した。

第Ⅱ部でも述べたことだが、三好、平野らの説を自分の今までの実践に当てはめて考えてみたのが本章の内容である。それゆえ、当時から学校的価値だ、自他関係だ、なんて明確に問題意識をもって考えていたわけではない。しかし、私の行ってきたこと（うまくいったこと、失敗したことを含め）をユーモア的態度の考え方に当てはめてみると、ずっと解けなかったパズルのピースがきれいにはまったときのように、今までもやもやしていた自分の考えがすっきりと整理されていくのを感じた。

私はユーモアについて偉そうに語れるような面白い人間ではない。今でもこんな面白い人だけ書くことが許されそうな本に自分が参加してよかったのか、赤面とともに自問する次第である。ただ、教師にしろ、親にしろ、研究者にしろ、教師を目指す学生にしろ、教育者として子どもと向き合っている（向き合おうとしている）人で、笑いが取れず苦しんでいる人はけっこうたくさんいるのではないかと思っている。巷には笑いを取って教室を楽しくしようという本は溢れているが、笑いに苦しんでいる人はみんな努力することで、そんなお笑い力を身につけられるのだろうか。私には到底そうは思えない。私もそんなお笑い力を身につけられないうちの一人である。そこでユーモア的態度である。

教育現場におけるユーモア的態度を身につけるには、学校的価値の相対化と自他関係の肯定の意識をもつことが必要である。どちらも技術はいらない。心がけである。この心がけをもつ教育者のいる場所には、ユーモア的雰囲気のある豊穣な世界が広がるだろう。笑いが取れずに途方に暮れていた人にとって、また、なんとなくうまくいかない日々が続いてもやもやしている教育者にとって、本書が探していたパズルのピースとなれば嬉しい限りである。

参考文献

阿刀田高（二〇〇一）『ユーモア革命』文春新書。

織田正吉（一九七九）『笑いとユーモア』筑摩書房。

芹沢光治良（一九九一）『人間の運命』新潮社。

土井隆義（二〇〇九）『キャラ化する／される子どもたち――排除型社会における新たな人間像』岩波書店。

平井信義・山田まり子（一九八九）『子どものユーモア　おどけ・ふざけの心理』創元社。

松浦良充（二〇〇二）「教育関係論から『学び』論へ」近代教育フォーラム、第一一号。

矢島伸男（二〇一二）『「笑い」の教育的意義――「ユーモア・センス」の概念を中心に』創価大学大学院紀要。

山口正信（二〇一〇）『わからなければ笑えない　国文学――解釈と鑑賞』第七五巻五号、ぎょうせい。

第二章　ユーモアの事例検証――養護教諭がつくる「保健だより」を通して

古角好美

第一節　ゴミ箱に捨てられていた「保健だより」

たかが「保健だより」かもしれないが、毎月のように、それを作成するには結構の時間と手間がかかる。養護教諭であれば、誰でもそうだろう。今月は、どんな「保健だより」の紙面にしようかと構想を練り、季節のイラストを決め、伝えたいことをまとめ、文字数や文体を整え作り上げていく。また、保護者へのお願い事項に関しては、語彙に神経を使い、言いたいことの半分以下におさめるようにし、文脈も平易に書き上げる。そして、下書き段階では、保健主事や管理職等の査読を経て清書し、やっと発行になり、学級担任や教科担任から子どもに配付され保護者に渡るという流れである。この過程は、各学校の事情によって多少の違いはあるにせよ、養護教諭だけの判断と決断だけで発行ということにはならない。

ある日、そのような苦労をしてでき上がった「保健だより」を職員朝礼時に教職員の机上に配付した。そして、保健室での簡単な事務的作業を済ませ職員室へ戻った。なんと今配付した「保健だより」が他の紙ごみと一緒にゴミ箱に捨てられていた。ということは、毎月毎月発行している「保健だより」も同じことになっているのかもと想像してしまった。せめて制作者の養護教諭にわからないように捨ててくれればいいのにと思うのが精一杯の自分自身への慰めだった。この事実から、配付の対象者になっている子どもたちにとっても、筆者が発行している「保健だより」に関心を示していないのかもしれないと思った。

「保健だより」は、発行しなければならないという決まりはない。そのため、筆者の場合は入職して数年目より、月に一回程度定期的に発行するようになった。その当時の「保健だより」は、筆者のこだわりやポリシーもなく、単なる保健室からの連絡事項やお願いであり、学校から発行される通知文扱いとして子どもたちに配付していたように思う。参考図書等から関連記事を抜き出し、それを転用して、どこの学校でも発行できるようなありきたりの保健だよりであった。確かに、職務経験を重ねていくうちに、「保健だより」を作るテクニックは上達していった。しかし、発行回数を重ねても、子どもたちはもちろんのこと、保護者や同僚の教職員から「保健だより」へのコメントや感想が届けられることもなかった。読者は「保健だより」を読んでいるはずだと思い込み、年中行事のように決まった日に決まった体裁のものを配付していた。中堅養護教諭になった頃、これまで事務的に発行している「保健だより」に疑問をもち、教育的価値を自問自答するようになった。

この時期は、わが子が小学校に入学したこともあり、筆者もその学校から発行される様々なお便りを手にするようになった。必然的に、月初に発行されていた「保健だより」が目に留まる。毎月の保健だよりは、筆者が作っている「保健だより」の内容とほぼ同じ傾向であった。確かにイラストや体裁はやや違ってはいても、月ごとの紙面の内容に大きな差異はなかった。「保健だより」から養護教諭の教育観や子ども観はうかがえない。段々とそれを手に取り隅々まで目を通す回数が減っていった。要するに、筆者が作っているような一般化された情報を伝達する目的だけの紙面では、保護者が読んでみたいという気持ちには至らないことを感じとった。

このことから、これまでの「保健だより」を一掃し、新しいスタイルへの変更を模索するようになった。そして、心身の健康管理の仕方や保健指導に関する本や資料と新聞記事等を集め、子どもが読みたくなる紙面作りへの試行錯誤を繰り返した。ゴミ箱へ捨てられたとしても、せめて「保健だより」を読んだ後の感想が保健室に届けられるような交流性が高い「保健だより」にしたいものだと強く思った。しかし、上記のような出来事となってしまったのも事実であり、更なる工夫が必要であったが、それをなかなかつかみとることができなかった。

ところで、筆者が指導したある学生の卒業論文「テーマ：養護教諭が発行する保健だよりの効果」の研究目的に次のような文章があった。

わたしが小・中・高校生のとき、保健だよりがよく配られていた。しかし、終礼が終わり何気なくゴミ箱を見てみると毎回必ずと言っていいほど何枚かの保健だよりが捨てられていた。机の奥で小さく丸くなった状態のままため込む者もいた。今、考えてみると、わたしも内容をしっかりと読んでいた記憶があまりない。児童生徒が興味を持つような保健だよりでないと結局は読んでもらえず、また、保護者にまで手わたらないのではないかと考える。

学生は小学校六年、中学校三年、高等学校三年にわたる一二年間を想起し、これまで配付された正しいことを啓発するねらいで発行される保健だよりに疑問を感じ、卒業論文において、それを発行することによる効果を検討することになった。要するに、子どもたちがこれまで手にしてきた「保健だより」は、多くの受信者側から見れば、「わざわざ今さら教えてもらわなくても知っているよ」というシニシズム的な思いや、「健康行動を間違いなくとらなければ病気になりますよ」としたリゴリズム的な忠告に飽き飽きし、その思いが行為となってしまったのかもしれない。この事象は、冒頭に示した筆者の「ゴミ箱」体験と類似していた。

第二節　養護教諭が発行する「保健だより」の活用状況

養護教諭が発行する「保健だより」は、「学校通信」や「学級通信」等と同様に学校側から発行されるお便りの一つである。全国的に約九割以上の養護教諭が定期的または臨時的に発行している（佐藤・小浜、二〇一一）。「保健だより」を定義するならば、「児童生徒の健康の保持増進のために、学校保健活動の一環として学校から保護者・子ども・教職員にあてた保健情報の媒体」（高石他、二〇〇九）である。藤田（二〇〇八）は、学校の中で通信実践がこれほど定着している分野（ないしは職種）はないと言い、養護教諭の「保健だより」の通信実践は独自の境地を切り拓いていることを示唆する。

養護教諭が発行する「保健だより」も、学級担任が発行する「学級通信」も共に情報伝達媒体である。「保健だより」は、上述したようにほとんどの学校において養護教諭がこの手段を用いている。各学校において、学級担任が発行する「学級通信」の発行比率に比べ「保健だより」は格段に高いのが実態であろう。この違いは学校現場において、養護教諭が置かれている位置づけによるものと考えられる。学級担任の場合、子どもたちとの情報の伝達やコミュニケーションは「学級通信」という文字媒体を通さずとも、日常的に頻繁に会話として行われやすい。しかし、養護教諭が対象とする全校の子どもに向けた情報伝達の方法を考慮した場合、「保健だより」を有効に活用しようと考えるのが当然である。

ところで、養護教諭にとって「保健だより」を発行する教育的意味は、紙面を通して、子どもや保護者等に健康安全に関する情報を提供することにより、個人及び集団に対する保健指導ができることである（植田、一九九七）。このような意図をもって発行されている「保健だより」であるが、実際の学校現場ではどのような活用方法がとられているのだろうか。

一例を挙げれば、「保健だより」は学級担任や教科担任を通して、朝や帰りの学級活動の時間に配付されることが多い。その機会を捉え学級担任は、健康生活習慣の育成や健康の保持増進のために保健指導をする場面もみられる。学級担任や教科担任は授業づくりに関する専門家である。学級の子どもたちの実態から、どういう教材や教具が子どもを引きつけるかを熟知している。学級担任が触発されることによって、「保健だより」は子どもたちに配付するだけにならずに、健康づくりに関心が高まる教材として保健指導時に活用してもらえ、教育活動の中で心身の健康状態をより向上させるための効果を発揮することにもなろう。

しかし、全くそういう保健指導の機会がなくただ配付資料として扱うこともあろう。佐藤・小浜（二〇一二）によると、小学校約五四％、中学校約六一％、高等学校約九一％は配付するだけという実態が報告されている。

要するに、今日、発行されている「保健だより」は、書き手の意味合いからすれば、保健指導の教材として有効活用して欲しい考えが強くあろうとも、半数以上が読まずに捨てられてしまう可能性があることは確かであり、受け手（児童生徒・保護者・教師）に委ねられている現実がある。そのために、読み手のニーズや意識の変化を書き手が察知し、読み手を主体にした工夫があってこそ、配付から即座にゴミ箱に捨てられない「保健だより」になり、保健指導としての効果的な教材になりうるだろう。

第三節　パターン化・マンネリ化した「保健だより」と学校長の指導的講話

学校では月初に「学校だより」「学年だより」「給食だより」「保健だより」というようにお便りが数枚発行されることが多い。それぞれのお便りは、月ごとに伝達する内容が違う。しかし、子どもや保護者からすれば、「またか」「わかっているわ」「この前と同じじゃ」と思われるような記事が少なくないのも事実である。

毎月発行している「保健だより」を誰もが読みたいものにするには、まず、リサーチが必要である。そこで、ゴミ箱に直行しない「保健だより」を作成するために、養護教諭向けに発行されている数種の健康情報雑誌に例示されている「保健だより」のモデルを参考にしようと考えた。それには例えば、四月号であれば「定期健康診断」「保健室の利用の仕方」等に関する情報、六月号であれば「歯や口腔の健康」「梅雨時の体の衛生」に関することというようにある程度枠にはまったパターンが見られた。保護者や子どもたちを啓発するという目的で作成されているこのタイプの「保健だより」を、ここでは「啓発型保健だより」として命名しておく。それはそれで間違いのない健康情報を効率的に伝達する文字媒体である。

しかし、定型化された紙面に、正しい健康情報をあれもこれもと伝達しようと網羅するがゆえに、紙面はそれらで埋め尽くされることから、教育的関係の中で醸成する養護教諭の思いや願いを子どもたちに届けるための余地がなくなってしまう。このように押しつけがましくマンネリ化した健康情報を、自他関係も考慮せず、養護教諭から一方向に流すだけでは読者からの声が保健室に届かないのは当然であろう。これと同様のことが、筆者が体験したある学校長による以下の指導的講話の実例に見ることができる。

どこの学校においても、決まったように月曜日に行われることの多い朝礼（会）では、運動場等に全校の児童生徒が集合し、起立した姿勢で、学校長による講話を拝聴する。間違いなく大切な話であることから我慢して聞くことになる。ある学校長は、朝礼台の上から、「大切なことは……」や「最後に……」と言い、話をダラダラと続ける。時折、新聞記事を引用し、「みなさん、〜しましょう」と付け加えることもある。そういう話のときは、決まってある現象が起きやすい。たかだか数分間と思われるが、その講話中に起きることは、貧血症状を起こす子どもの続出である。

養護教諭にとって、週明けは事前に貧血者が出たときの対応をとりながら、学校長には、できるだけお話は短時間で済ましてくれることを期待する。ある時、養護教諭（筆者）から学校長講話を短くする旨のお願いを申し出た。学校長からすれば、最近の子どもたちは、我慢ができないと呟きつつ筆者の要望を受け入れてくれたようなことを記憶している。しかし、貧血者ゼロになることはなかった。

子どもたちにとっては、学校長の講話にみられる「我慢すること」、「頑張ること」、「努力すること」等はどれもこれも学校的価値を強固にする目的のためにはそれらは全部正しいことである。

ところが、それらの訓話は、学校長に再三言われなくても知っているというシニシズム的姿勢が貧血者の続出につながるのかもしれないと思うようになった。朝礼台の上から、これまで行ってきたように学校的価値を見据え、教師の意思に沿うような立ち振る舞いを子どもに期待することが難しい時代になってきていることは確かな事実であろう。

では、学校長の訓話をおもしろくするために、学校長自らギャクを連発したり、毎回の朝礼時に被り物をしたりするような笑いを取るという方略を目的化した内容であれば貧血者が出ないだろうか。そんな簡単な話ではすまないだろう。子どもたちは、教育的価値となるような知的なユーモア的要素があってこそ学校長訓話に意味を見出すことが考えられる。

情報化社会と言われる今日、健康に関する情報はインターネットはもちろんのこと、新聞やテレビ番組に溢れている。「保健だより」も学校や保健室という枠組みはあっても健康情報を素材としている。学校教育の中であえて健康情報を発行する意味（意義）を自分に問いながら、育ちゆく子どもの成長や日々の学校保健活動が見えてくるようなオリジナル性が高く、そのネタを基に相互交流できるような「保健だより」を創る必要性を強く感じた。

第四節　啓発型からコミュニケーション型の「保健だより」へ

そこで、これまで試行錯誤しながら作成していた「啓発型保健だより」を一新した。発信者と受信者の相互の気持ちが通じ合い、自他関係が築けるような「コミュニケーション型保健だより」へと視点を変更させることに着目し、早速実践することにした。

「啓発型保健だより」は、間違いのない正しい知識の伝達に重きを置くことから情報が主に「縦」に流れる。不特定多数の視聴者に向かって流れるテレビ等と同じである。「コミュニケーション型保健だより」は、その学校の読者だけにターゲットを絞り、受信者同士が「なるほどそうか」「そういうこともありだね」と分かり合えるようなオリジナルな話題を届け、その健康情報を媒体に、コミュニケーションをしてもらうという意図をもって発行する。その学校だけに関わりのある者同士（保護者・子ども・教職員）が一枚の紙面の健康ネタを共有しながら交流をする目的をもって作成し、情報が「横」に流れネットワークをとることができるように改良した。そして、各学級担任が養護教諭から配付された「保健だより」を基に保健指導を行う。そのために、学級活動年間指導計画を立案作成し、職員会議で共通理解を図り、学校の月行事表には「健康安全の日」と位置づけ、学校環境に関する安全点検も同時に行うように工夫した。すると、ポツポツではあるが、「保健だより」へのコメントが保健室に届くようになった。「ママが先生の『保健だより』好きやって」であったり、学級担任からは、「〇〇さん（児童名）の保健室での様子がみえてくる」というものだったりした。

このように、たかが一枚の「保健だより」ではあるが、学校組織全体の中で活用して欲しいという願いのもとに変更を図った保健だよりは、「ゴミ箱」から再生することに至った。そして、徐々にではあるが、その媒体を通し、相互交流する者同士の間で笑いが生じるようになってきた。

第五節　ユーモア表現による実際の「保健だより」を通して

1　ある保護者との会話をきっかけとして

「コミュニケーション型保健だより」を手に取った読者に「笑い」が生じるような紙面を作るきっかけは、ある保護者からのふとした声かけであった。ＰＴＡ活動の一環として、とある委員会に所属している保護者が来校し、数人で廊下を歩き集会のある会議室に向かっていた。その中の一人が、すれ違いざまに気軽に筆者に声をかけてくださった。「こんにちは」という挨拶とともに、「この前、先生の『保健だより』のおもしろネタで、家族全員笑わせてもらったわ」「日ごろの保健室って、そんなことあるんやね。うちの子のこととちゃうの？」と言い、全く考えられない事象だったという。

普段から保健室は、付き添い人と称し、傷病人とともに付き添い者が来室することは日常事である。実際、救急処置を行わなければならない本人よりも先に、付き添い人が自分から「体温測定しまーす」と言いながら、傷病者を傍に置き、自分を優先するような場面もままある。「保健だより」に、その付き添いさんの来室の様子を掲載した。その記事が保護者の目に留まり、わが子に保健室の様子を確かめることになった。家族全員が「保健だより」を基にしながら、笑い合ったという。保護者からすれば、そのエピソードは想定外であり、よほど印象に残ったのだろう。たかだか一分に満たない立ち話であったが、その保護者に対して親近感をもったのは事実である。加えて、発行した「保健だより」が子どもを通じ、保護者に確かに手渡っていることをうれしく思った。経験年数でいえば、熟練養護教諭となっていた筆者は、そのきっかけを通し、保健室での子どもとの出会いや交流の中で、つい微笑んでしまうような事実をメモ書きとして記録に残すようになったのである。

さて、これまで日本において、教師が暗黙の内に共有されている子ども観とは、大人が設定した理想像に向け、教師は未熟な子どもを導いてゆく役割（荒木、二〇一三）を想定する人が少なくない。学校保健においても、特に、保健指導は、公衆衛生教育を基盤に発展してきたこともあり、学校保健の専門家が健康の知識のない子どもや保護者を啓発する手段として健康情報を上から下へ伝達し、導いてきた経緯がある（植田、一九九七）。

また、近年、子どもたちの中に、まじめに勉強する人の気が知れないというような「学びからの逃走」（上條、二〇一二）が始まっている。そうした状況下において、教師のユーモア的態度を軸に、その教育的価値を踏まえつつ、子どもたち自身が日々の暮らしと健康を考えようとするための意図をもった働きかけがあってもよいのではないだろうかと考えた。つまり、効率原則の「啓発型情報伝達タイプの保健だより」を用いた正しい保健指導観からの脱却である。受信者となる子どもたちや保護者等の手許に届く紙面から笑みが生じ、それによりコミュニケーションが起こるような「保健だより」へと視点を変更する。

そこで、養護教諭のパフォーマンスとして、「保健だより」の紙面において可笑しみが漂うなコーナーを設けた。昨今の子どもたちが醸し出すシニシズム的態度への介入でもある。書き手も読み手も一緒に楽しむことを重視することにより、新たな指導観の構築をめざす。養護教諭から子どもへ、子どもから養護教諭への双方向が保護者や教職員を巻き込み多方向性へと拡散するネットワーク（共同の輪）により、楽しい雰囲気を相互に共通認識することになる。そのことによって、安心できる保健室づくりにつながることを期待した通信実践である。

筆者がA小学校に勤務していた一〇年間において発行していた保健だよりの名称は『○○（学校名）っ子ヘルシーメイト通信』であった。前出してきたように子どもたちの実態を基に、A小学校に勤務して二年目より、ユーモアを意識した「保健だより」を毎月一回B４判の更紙に表裏印刷して発行した。学校行事の中に「健康安全の日」を設け、養護教諭が作成した「保健だより」を基に、各学級担任がそれを用いて保健指導（約一五分間）を行った。配付に至っては、職員朝会にて、指導のポイントやねらいを説明するようにし、できる限り子どもたちや保護者に確実に手わたるようなお願いをした。また、各教室の壁面には、「保健だより」コーナーを設け、毎月発行している紙面がクリアシートに保護され、いつでも子どもたちが目にするような手立てを施した。

2　「コミュニケーション型おもしろ保健だより」――声に出して話したい「プチ健康相談」

この年度発行の「保健だより」は、タイトルとして、①クイズおもしろ言葉〈からだの巻〉、②からだ実験、③健康の壁チェック、④心のひだに花を咲かせましょう、⑤声に出して話したい「プチ健康相談」という五つの内容で構成した。月ごとに発行する「保健だより」において五つのタイトルは変更せずに、例えば、〈クイズおもしろ言葉〉の記事であれば、五月号は「目」、六月号は「鼻」、というように記述する中身を変え、通年にわたり発行した。

〈声に出して話したい「プチ健康相談」コーナー〉では、まず、ある学級の子どもたちを対象に、今、困っている心身の健康に関する相談事の調査（匿名可）を行い、養護教諭がその相談内容に回答する形式をとった。この調査は、匿名でもよいとしたことから、名前は断定できないが、その学年の他の児童と比べ、たどたどしい文字で記されていた相談内容を取り上げようと考えた。その理由は、学校という教育機関の中で、往々にして光の当たらない児童を取り上げたかったからである。学習活動に困り感を示すことがない児童は、大抵名前を明記し、これといった「悩み事はなし」と記していた。その子どもたちは光が当たることが多い。あえて、光の当たらない子どもへのサポートができる紙面でありたいという強い思いがあった。

以下、〈声に出して話したい「プチ健康相談」〉において、実際に子どもたちから相談された内容に対する養護教諭のユーモア回答を紹介する（イラスト・笠松加奈子）。

【わたしの相談】

本を読むとすぐに眠くなって読めないことが多いです。どうすればいいですか。

【お答えします】

特に布団の中で本を読むと、アッという間に寝てしまったことを先生も経験しました。Aさんの気持ちはわかります。眠い、読めない、どうしようと悩む必要はありません。早く寝付くために本を読むと思えばいいじゃない!!

【わたしの相談】

僕がテレビを見ていると、お母さんが「早く寝なさい」と言ってきます。でも、お母さんはテレビを見ています。

【お答えします】

本当だね。「お母さんだけズルい」というと、きっと「大人は睡眠時間が短くていいんだ。」と返事があるでしょう。一緒にテレビを見るために早く大人になりたいね。一〇年後、お母さんと一緒にテレビを見る楽しみを残しておきましょう。

【わたしの相談】

わたしは犬を飼っているのですが、その犬はわたしに「いけず」をしてきます。どうすればいいですか。

【お答えします】

犬のいけずは今まで聞いたことがありません。一体、どんなことをするのですか？あなたが立っているときに、おしっこをかけて来たり、おやつを横取りしたりするのですか。今度

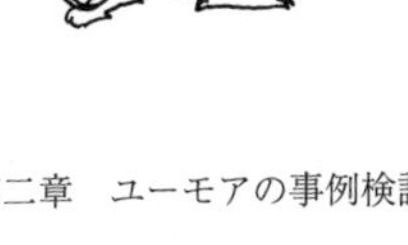

は、犬に人間のいけずをしてみればどうでしょうか。

【わたしの相談】

僕は好きな人がいるのですが、友達がすぐにベラベラしゃべるのでいやです。どうにかしてください。

【お答えします】

好きな人がいることはとても素敵なことですね。人を好きになることは、その人を大事にしたいという心の発達です。この相談は簡単に解決します。あなたが好きな人の名前を話さなければいいのです。好きな人の名前は他人にしゃべらないそれだけです。

【わたしの相談】

僕は塾に行っているので忙しいです。寝不足になったり、友達と遊べなくなったりします。どうすればいいですか。

【お答えします】

塾も大事。遊ぶことも大事。寝不足は困る。どうすればいいのでしょう。ただ決まっていることは、だれにとっても一日は二四時間だということ。時間の使い方を計画しましょう。今のところ良いアイデアはありません。

【わたしの相談】

姉との付き合い方に困っています。とにかく仲が良くなく、近寄ると〇〇されたり、意地悪されたりします。

【お答えします】

先生にも妹がいます。小さいころは同じような悩みがありました。親にも仲良くしなさいと注意されました。そのうちに、この悩みは解決します。なぜって？　だんだん、お互いが、遠ざかっていくからです。

【わたしの相談】

わたしは麦チョコが大好きで、親に「勉強中は食べなや」と言われています。でも、ついつい食べてしまいます。どうすればついつい食べることを止められますか。

【お答えします】

その気持ちわかるなあ。先生はラムネが大好きでした。ついつい食べてもなくなれば、これ以上は食べることができません。全部食べてから勉強すればよいのです。徹底的に食べて、「麦チョコ嫌い」になりましょう。

【わたしの相談】

僕は、好きな服を自分で着ると、お母さんに「その服、替えたほうがええでー」と言われます。

どうすればいいでしょうか。

【お答えします】

好きな服はとても着やすくていいですね。また、好きな服を着ていると安心できるものです。お母さんから着替えをするように言われた服は、大きな穴が開いていたのかもしれないね。また、裏と表が反対だったのかなと考えれば済むことです。

【わたしの相談】

わたしは○年生なのに、五匹の猫の「ぬいぐるみ」と一緒に寝ています。これって変ですか。

【お答えします】

○年生になろうが、好きなぬいぐるみと一緒に寝ると、安心して「熟睡」することができますね。このことが重要です。これからも一生よろしくと、五匹のぬいぐるみに声を掛けておきましょう。時には、クリーニングをお勧めします。

【わたしの相談】

わたしは、よく友達の相談や悩み事を聴いてあげます。その時に、どんなアドバイスをしてあげればいいでしょうか。

【お答えします】

誰からも信頼されていることがよくわかります。人は、誰かに相談すると、悩みごとは半分解決したことと同じです。どんどん相手がうれしくなるような言葉がけを心得ましょう。責任は持てませんが、この相談コーナーを参考にすればよいのではないでしょうか？

【わたしの相談】

わたしの斜め後ろの〇〇さんは、いつも、机を少しずつ前に押し出してきます。〇〇さんを前に来させるのを止めさせるにはどうすればいいでしょうか。

【お答えします】

困ったね。どうしようか。まず、「前に来ないで」とトラブルにならないように、上手に声かけすることですね。それでもだめなら、そのままにしておきましょう。すると、わたしの位置を追い越して、教壇と同じ位置に並ぶはずです。一週間だけ待ちましょう。

【わたしの相談】

わたしは喧嘩をすれば必ず最後にキメの言葉を言わないと気がすみません。これって変ですか。

【お答えします】

喧嘩をするときは、このキメ言葉が肝心です。誰でもそうです。変ではありません。但し、先生は、喧嘩の仕方を教えているのではありません。特に、変だということではありません。ご心配なく。あなたのキメ言葉をそっと先生にも教えてくれますか。

【わたしの相談】

このところ、ストレスと肩こりがたまっています。どうすれば解消できますか。

【お答えします】

本当ですね。どちらもたまってはよくないものです。ためるとしんどくなりますね。先生は、肩の上げ下げを意識して一〇回ぐらいしています。これを一日に三回します。これで楽になります。ところで、先生の経験上、ためてもよいのはお金だけのようです。

【わたしの相談】

昼間に見た怖いテレビ番組を思い出し、夜に寝ることができなくなります。いろいろと心配してしまいます。

【お答えします】

とても簡単なことです。昼間に怖いテレビ番組を見なければすむことです。見ると、夜中にトイレに行けなくなりますよ。困るでしょう。これからは、絶対に怖いテレビ番組は見ないと約束してください。その代り、教科書を見るようにしましょう。ぐっすり眠るためです。

【わたしの相談】

わたしはある子が好きですが、相手といつも言い合いになります。どうしてそうなるのかについて教えてください。

【お答えします】

好きな人とは、誰でも、おしゃべりしたいものです。おしゃべりをするから、もっともっと好きになるのかもしれません。少々の言い争いは、好きだからできることだと思えばいいことです。相手も、それはわかってしてているのです。

【わたしの相談】

今、わたしは相談することがありません。この先、ずっと相談のない人生を送るのでしょうか。

【お答えします】

困ったことはあっても、自分で知らず知らずの内に解決している人でしょう。素晴らしい能力の持ち主です。でも、相談のない人生もさみしいね。相談事がいっぱいある人に、少しだけ分けてもらいましょう。これで相談のない人生とおさらばです。

以上のようなプチ健康相談とユーモア回答を、一年間にわたり全教室に届けた。すると、自分が相談したことへの回答が保健だよりの紙面の一部になったことを素直に喜ぶ子どもの様子が担任から伝えられることもあった。

3　養護教諭が「いらっしゃいませ」という保健室

藤田（二〇〇八）によれば保健室の機能は、ケガや急病に対する「処置室」、身長や視力等の「測定室」、体調不良に対する一時的「休養室」、健康相談やいろいろな悩みについての「相談室」、体や健康に関する「学習室」、保健委員による委員会活動の拠点となる「活動室」からなるという。さらに今日、木村（二〇一五）は、何らかの理由で教室に居づらい子どものための一時的「避難室」、休憩時間にフラッと立ち寄る「談話室」等の要素も加わっていることを示唆している。また、教室には通えないが、保健室であれば登校できる子どもたちへの援助としての「教室的」な機能も有するようになった。

財団法人日本学校保健会（二〇〇八）による『保健室利用状況に関する調査報告書（平成十八年度）』には、小・中・高等学校の保健室への来室理由がまとめられている。その利用状況（来室理由）を見てみると、①出血やけがの手当て（外科的主訴）、②体調が悪い（内科的主訴）、③熱を測る、④休養したい、⑤困ったことがあるので話をしたい、⑥先生との話、⑦自習時間だから、⑧身長・体重・視力等をはかる、⑨手洗い・うがい・爪切り、⑩友だちとの付き合い・付き添い、⑪お見舞い、⑫呼ばれたから、⑬委員会活動、⑭連絡、⑮身体や病気のことについて教えて欲しい、⑯資料や本を見る、⑰なんとなく、⑱その他というように分類がなされ、上述した保健室の機能をより具体化した利用の内容が提示されている。そして、子どもたちの来室時間帯は「午前中の休み時間」が最も多かった。

つまり、学校種を問わず、子どもたちはいろいろな主訴を抱えながら、休憩時間に集中して多機能な保健室にバラバラの目的をもって入室する。予約なしに来室する子どもたちの訴えを満たしながら、みんなが気持ちよく保健室を利用するためには工夫が必要になる。多機能な保健室を円滑に運営するための「仕組み」である。

多くの養護教諭は、年度当初には、保健室を利用する心得や気持ちのよい利用の手順を「保健だより」に記載したり、掲示板に掲げたりする。ルールの一つとして、「いろいろな人が利用する部屋です。入るときは、必ず、声をかけてください」というように子どもたちから養護教諭に向けて、来室の理由を訴えることを促す。子どもに視点を移すならば、保健室は、何らかの理由（主訴）がなければ入りにくい場所となる。

筆者もこれまでの勤務校において、子どもの入退室がしやすいような空間をつくるために、常に扉を開けた保健室づくりを心がけるとともに、来室する子どもたちに、まず、その理由を話すように指導してきた経緯がある。例えば、来室後、すぐに子どもが筆者に向かって、「○○先生、走っていて運動場でけがをしました」というような発話があり、「はい、わかりました」と筆者が対応するという流れである。換言すれば、「待ち」の姿勢で子どもに対応していたのである。子どもたちからすれば、まず最初に、どんな理由で保健室に入室したのかを正当性をもって話さなければならないことから、不安にかられることもあっただろう。

そこで、「啓発型保健だより」から、「コミュニケーション型保健だより」へと情報の流れを変更したことを期に、徐々にではあるが養護教諭である筆者自身から子どもたちに向け、コミュニケーションをとるために以下のようなスタイルをとった。筆者から「打って出る」姿勢へと態度を変更したのである。

休憩時間になると、出入り口付近に個人用の椅子を数個設置し、子どもが保健室に入室するのを待つ。そして、入室と同時に、子どもからの声がかかる前に、できるだけ筆者から「どうしたの？ どうぞ！」と第一声を発し、その椅子に座ることを勧めた。このスタイルを「いらっしゃいませ」方式と呼び名をつけた。そして、処置や対応が終わり保健室から教室に戻る際には「いってらっしゃい」と小声で囁くようにした。すると、会話が弾むようになった。そのやり取りの中で、記録に残したい出来事をまとめたものが次に紹介する「保健室メチャメチャおもしろエピソード」である。

入学当初の一年生は、保健室での一連の流れが分かりにくい。でも先輩たちが馴染んでいる「いらっしゃいませ」方式の入退室の仕方をすぐに真似した。休憩時間になると保健室の出入り口付近で「いらっしゃいませ」と待ち構える養護教諭の立ち位置は保健室ルールとして定着していくことになった。

4 「コミュニケーション型おもしろ保健だより」
——保健室メチャメチャおもしろエピソード

この年度発行した保健だよりでは、「保健室メチャメチャおもしろエピソード」というコーナーを設け、来室した子どもが見せる姿や会話のやり取りを保健室のおもしろ日記として一年間にわたり連載した。その日記の所々に、筆者のコメントを入れながら以下に紹介する。

五月「思わぬプレゼント」

子ども達は、自分や友達のけがの手当ての様子を覗きこむのが好きです。傷の処置をしているときに、わたしの手の甲にポタ一と一滴。温かみのある得体の知れない何かが落ちてきました。処置をしながら、「先生の手に（水のような）何かが落ちたようです。涙ですか、よだれですか？」「いいえ、どちらでもありません。僕の鼻（汁）です。」彼は真顔で話した。保健室は、常におまけがつきものです。

六月「養護教諭がコアラに変身」

保健室で高学年女子のおしゃべりタイムが始まりました。お家での出来事を話してくれることが多いです。「こかど先生、……」というようにわたしの名前からおしゃべりが次々に展開されます。その話をそばで低学年のある児童が聞いていました。その子は、「コアラ先生（こかど先生の聞き間違い）……」と自分の家の話をし始めました。高学年女子はみんな大笑いです。いつの間にか、わたしはコアラになっていました。毎日、保健室で寝ているコアラになりたいです。

七月「痛みはどこにいったの？」

連日の暑さです。子ども達は、屋上プールでの水泳学習を楽しみに待っています。休み時間になりました。「先生、足が痛いです」「先生、腰が痛いです」というように保健室に子ども達が入ってきます。「いつから痛くなったのですか？」と問診します。その途中で、「ところで、水泳は何時間目にありますか?」と聞きました。ハッとし、笑みを浮かべながら「もう治りました。痛くなったらまた来ます」と退室。問診も十分せずに処置完了です。

九月 「気になる身長」

夏休み明けに発育測定をしました。全学年児童の身長と体重を測りました。子ども達に、測定前の保健指導をする中でこんな質問をしました。「子どもは背が高くなるのに、大人はなぜ伸びないの?」すると、おもしろい回答が続々でてきました。「骨が伸びきってしまったから」「大人は子どもと違うものを食べている」「子どもと同じ生活をしていない。宿題をしていないから」「身長は二〇歳までしか伸びないと決まっているから」

次に回答です。「ドンドン背が伸びるとお家の中に入れなくなるからです」。エエー??

＊コメント

子どもたちは、身長の伸びには関心が高い。身長計に乗ると心なしか肩を上げ背伸びをしてしまう傾向にある。そういう実態があることを養護教諭であれば誰でも心得ており、「はい、息を吐いてー」等の声かけをすることがある。そうすると子どもたちは素直に従いその行為をとる。被検査者となる子どもが正しい姿勢をとっているその瞬間に養護教諭は、身長計の尺柱の横規を頭部に当て測定するという流れである。

夏休み明けの九月の身長測定は、特に運動会の整列順を決める基準数値になり、子どもたちにとっては重要なイベントである。相互に、担任から教えてもらった測定後の数値を口に出し合い一喜一憂することがままある。最前列が定席となっている子どもにすれば、身長測定は緊張の一瞬でもあり、実に嫌な保健行事かもしれない。

また、測定前には養護教諭は保健指導として、測定の手順や注意事項と発育の仕組みなどを簡潔に教示する。もちろん、発達段階に合わせ、身長が高くなるためには、睡眠や栄養のバランスが重要であり、生活習慣のリズムを整えることを啓発する。こういうありきたりな保健指導は、小学校の低学年児童でも常識事として知っている。

そこで、子どもたちの緊張をほぐす目的と、これまでに聞いたことがない（子どもにとってはありえない）ような保健指導として、測定前の質問「子どもは背が高くなるのに、大人はなぜ伸びないの？」となった。すると、実にユニークな回答が出てきたのである。同時に、傍でこのやり取りを聞いている担任も笑ってしまった。ここで大事なことは学級担任が笑ったことである。学級経営する元締めたる担任が笑うという行為は、子どもも大きな声で笑うことができるサインであるからだ。筆者が大事にしている保健室の雰囲気や空気感が担任にいくらかでも伝わったのではないかと考え、「保健だより」に掲載した。

十月 「傷の痛みVS勉強の痛み」

運動会の練習中のことです。足の膝あたりの擦過傷で保健室にきました。救急処置のために椅子に座るや否やひとり言が始まりました。消毒前は、「薬は痛いですか？」「薬は痛いですか？」の連続。消毒中は、「痛い」「痛い」「痛い」の連発。消毒後は、「たいしたことないわー。勉強に比べたら痛くない」と平気な顔で話します。みなさん、勉強はどこが痛くなるのですか。その痛みは保健室に来ると治るでしょうか。

十一月「発熱のしくみ」

いつも元気な○○さん。珍しく発熱のために欠席です。多分、初めての欠席だったと記憶しています。欠席の前日、保健室でこんな会話がありました。

子ども「なんで、熱でえへんのかな？」「熱が出るように寒くして寝転んでいるのにあかんわ」

養護教諭「熱がでると体がしんどくなるよ」「絶対、発熱しない方がいいよ！」

子ども「どんなことをしても絶対に熱はでません！」

と言い切り教室に戻っていきました。どうも、発熱するには保健室で、熱の話をすると出るようです。

十二月「月曜日の保健室の様子」

月曜日の午前中の保健室は、先週末のけがや体調不良が基で利用者が多くなります。「メチャメチャ痛いです」。「昨日、少年野球の試合がありました。歩くこともできません」といい片足を引きずりながら入室してきました。「では、少々厳しいですが、△△（監督の名前を一部変更した名称）法で治しましょう」。

すると彼は、「これだけは絶対にイヤです」と言って大急ぎで運動場に走り出しました。歩くことはできないけれど、走ることができるなんて、信じられませーん。

＊コメント

基本的に保健室で行う学校救急処置は、教育活動に関わる学校管理下における疾病や負傷に対し、学校から医療機関を受診したり、保護者経由で医師に引き継いだりするまでの適切な処置のことを指す。換言すれば、休日に起こった負傷は学校救急処置の対象外となる。しかし、月曜日の午前中の来室者の多くは、自宅で起こった疾病や負傷が珍しくないのが実際である。

上記の事例であれば、地域の少年野球チームに所属している将来有望な児童は、決まって外科的及び内科的症状（倦怠感等）を訴え、月曜日の午前中に来室することが多い。確かに、暑い寒いと文句も言わず、コーチの叱咤に耐え、頑張っている様子を知っている。しかし、養護教諭の立場からすれば、月曜日の保健室の実情（自宅での事象は守備範囲ではありません）をいくらかでも保護者に伝えたいと考え掲載した記事である。正面から、保護者に対し、保健室における救急処置の目的を「保健だより」でお知らせしても伝わらないだろう。まして両者の良好な関係づくりは到底できないことが想定される。休日の子どもの生活を鑑み、教育活動には相互連携が必要であるという大前提と、紙面の話題を通して、保護者への保健室利用に関する声かけができる関係づくりとなるように、ユーモアで表現したのである。

一月「楽しいエピソード歓迎します」

三学期が始まりました。学校のあちこちで子ども達の話し声や笑い声が聞こえると活気がわいてきます。今年は、どんなエピソードがあるのかワクワクしてきます。学校内の珍しいものを見つけたとき、新しい発見をしたときは、ぜひ保健室までお知らせください。今年も健康と安全と笑顔を願っています。

二月「痛みを訴えることで気持ちが楽になる」

保健室は掃除機ではないのですが、今日も、少しだけ開いているドアの隙間に吸い込まれるように入ってきた○○さん。元気そうにみえますが、「腕が痛い」「足が痛い」「腰が痛い」。次々に痛いところを見つけ出します。保健室に来ると痛いところが見つかるのでしょう。そして、その痛みは、痛いと訴えることで治るようです。自分で自分の痛みを治すことを「○○流治療法」と命名しました。痛みは困りですね。困ったときはどうぞ!

＊コメント

小学校高学年の女子児童は少人数で群れをつくる。この群れの中のメンバーの一員であるという存在を、クラスの中に示すことにより安心につながるようだ。これも一つの発達段階であると筆者は捉えている。では、その群れに入ることができない児童はどんな学校生活を送っているのだろうか。

本事例に紹介した女子児童は、「休憩時間が嫌い、勉強時間は好きだ」という。ほとんどの児童はその反対であろう。しかし、彼女は休憩時間が大嫌いである。大方の女子児童の休憩時間の行為は、教室内で小さな群れをつくり、関心のあるゲーム・TV番組・インターネット情報・おしゃれな話題等でおしゃべりすることが多い。その群れに入ることができない児童は、行き場がない。

授業時間は群れをつくる必要がなく、教師の指示や説明を基に学習活動を展開できるが、休憩時間は自由である。群れの輪に入ることがないために、暇な時間となるがゆえに保健室に足が向き、束の間の安心を享受する。加えて、彼女にすれば「わたしは、体の痛みがあることから、保健室に行ってました」という存在を教室の仲間に示すことができるのである。こうして頻回来室が日常化する。親には、「わたしは友達がいない」ということを話していないから、筆者にもそうして欲しいと訴える。
このような事例は、学級担任から「○○ちゃんもいっしょに遊ぼうと声かけして」と群れの中心人物に助言をしても解決しない。その子どもの返答は、決まって、「わたしだけでなく、○○ちゃんに相談してくれますか」となりやすい。このような繰り返しは、仲間同士のイライラ事やトラブルに発展しかねない。学級担任にすれば、高学年女子の心的な発達段階を考慮した学級経営が難しいのが現実問題である。
困ったときは、子どもはもちろんのこと、学級担任も早期対応するための相談事に来室しやすいようにという思いで、「どんな痛みも受け付けますよ」というフォローをアピールした掲載記事である。

三月　「保健室のご利用ありがとうございました」

みなさんは、USJに行ったことがありますか。ある日の昼休みに、ある学年の女子集団が保健室になだれ込んできました。楽しい話、困った話、イラついた話、好き嫌いの話とどれだけしゃべるのかと心配していました。先生は全く相手にされません。その内、誰からともなく、「ET、お家へ帰ろう」という指一本の合図で教室へ戻っていきました。やはり、子ども達にとって一年間過ごした教室が一番安心した居場所です。

以上のように、保健だよりを一新した通信実践は、来室した子どもへの対応はもちろんであるが、保護者にも影響を及ぼしていった。

5　ユーモアによる保護者相談――参観日に行う井戸端会議

小松（二〇一〇）によれば、養護教諭は学校で基本的に一人職の仕事であることから、必須の使命があるという。一点目の使命として、養護教諭は学校教育活動の全体の中に自らの職務を的確に組み込む努力をし、その活動を精力的に「他の教職員」を巻き込んで取り組むことであるという。そして、そのためには戦略的思考を身につけ、具体的な方略を構想することが重要であるとした。

二点目の使命は、学校と学校外、特に、「保護者との連携協力」を常に意識する必要があるとした。そのためには、具体的で分かりやすい説明ができる能力が必要であるとし、情報収集と広報に関する能力を磨くことであると説く。保護者に理解されてこそ児童生徒の健康や安全に関する指導が徹底するからである。

本通信実践も上記の二点を考慮し、学校教育全体の中へ戦略的に教職員や保護者を巻き込むために、「啓発型保健だより」から、「コミュニケーション型保健だより」にスタイルを変更し、学校内外の連携を強化するための情報収集と広報に関する取り組みを図ってきた。

ところで筆者は、日頃から、保護者に対して学習参観日等を活用しながら「キャッチ支援」を行ってきた。A小学校は学習参観日の保護者の参加度は極めて高い状況だった。それだけ教育への関心が大きいことがうかがえた。その折には、各教室を訪問する時間を予め決めておき、一定の流れに沿って教室内外を観察した。それは、子どもの学習態度や学習内容を把握するためでなく、廊下等で出会った保護者への声かけと触れ合いとともにコミュニケーションをするのが主目的だった。

その際、先述してきたような「おもしろ保健だより」のネタを披露しながら、通常では言いにくいことをユーモアの要領で保護者にお願いをすることもあった。また、保健室でみられる子どもの苦戦している実態を話したり、自宅での生活情報を収集したりした。簡単に言うと、学習参観日を利用し、「保健だより」に掲載してきたエピソードをCM効果と捉え、そのネタを絡めた井戸端会議を相談活動として実施していたのである。

このような取り組みが功を奏して、学習参観日には保護者が保健室に立ち寄るということも珍しくなくなった。その会話の中身は、主人公になる子どもの話から大きく逸脱し、家族間のもめ事までもが話題になることもあった。一年間では使用しきれない程の救急絆創膏を頂いた保護者には、子どもが外科的疾患（擦過傷等）で来室した折には、その絆創膏を幾重にも貼っておく旨を伝えると、「ほんまにー」と言いながら大笑いしていたことを思い出す。

おわりに

たいていの子どもは、学校生活における学校的価値や秩序の中で、多少なりとも困っていることがある。保健室では、誰でもいつでも利用できるという特質があり、子どもの本音が出やすい場所でもあることから、その内容がついつい出てしまう。

一般的に小学校において言えば、養護教諭は外科的主訴で来室する児童に対し、身体への救急処置を行いながら、学校生活での心配事や困っていることを「日常会話」のようにやり取りする。「だいじょうぶ?」と言いながら健康相談しつつ、児童の気持ちを聞き取り、子どもがつぶやくことを情報として収集することが少なくない。つまり、対象となる児童は、日常会話としてやり取りする手法により、固く身構えなくてもよいことから、ついつい耳にしている噂話や本音を養護教諭に語りはじめる(古角、二〇一五)。

また、養護教諭は児童の苦戦している現状を事前に把握しており、心理的な要因から保健室へ何となく来室したということがうかがえたとしても、まずは身体への手当てを行う(大谷ら、二〇一四)。その触れ合うという行為は必然的に両者の関係性が近くなる上に、身体への対応という所作が「保健室では当たり前である」ことによって、子どもは平常心で今の心配事をつい話してしまうということが起きやすい。要するに、養護教諭は、苦戦していることに対し、いきなり心の問題として取り上げないことが大きな特徴である。

そのため保健室は、主訴があってもなくても、また、児童が特に困っていなくとも、行き場がないときには来室できるという空気感が必要であり、それには養護教諭の態度や職務への姿勢が大きな意味をもつ。その一例が全校に発信するユーモア表現による通信実践であると捉えることができよう。

そして、ユーモア表現仕様によるコミュニケーション型の「保健だより」が、学校的価値に押しつぶされそうになった子どもをフォローする教育機能として、その効果が波及していくことにより、蔓延する学校文化の息苦しさからほんの少しでも開放されることを願う。

参考文献

荒木寿友（二〇一三）『学校における対話とコミュニティの形成』三省堂、二九一－二九五頁。

植田誠治監修（一九九七）『新版・養護教諭執務のてびき』東山書房、二九〇頁。

大谷尚子・森田光子編著（二〇一四）『養護教諭の行う健康相談』東山書房、二七頁。

上條晴夫（二〇一一）『教師のためのパフォーマンス術』金子書房、一一－一八頁。

木村元（二〇一五）『学校の戦後史』岩波新書、一六七頁。

古角好美（二〇一五）「保健室の日常的なふれあいからわかる悩み」『児童心理』六九、金子書房、八一－八六頁。

小松郁夫（二〇一〇）「知識基盤社会の学校と養護教諭の自己教育力」『日本養護教諭教育学会誌』一三（一）、一－六頁。

財団法人日本学校保健会（二〇〇八）『保健室利用状況に関する調査報告書　児童生徒の保健室利用状況』一〇八－一一〇頁。

佐藤佳代子・小浜明（二〇一一）「保健だよりに関する一考察――雑誌『健康教室』に掲載された保健だよりの機能の推移と一九八七・二〇一〇年の製作実態に関する比較」『仙台大学大学院スポーツ科学研究科修士論文集』五一－五八頁。

高石昌弘・出井美智子・坂田昭恵・藤江美枝子（二〇〇九）『保健だよりの作り方ガイドブック――理論と実際』少年写真新聞社、一三頁。

藤田和也（二〇〇八）『養護教諭が担う教育とは何か　実践の考え方と進め方』農村漁村文化協会、一七四－一九〇頁。

第三章　ユーモアとしての教師論

平野拓朗

第一節　〈正しいことは良いことだ〉という問題（教師編）

第Ⅰ部で既に論じたように、学校的価値や秩序における〈正しいことは良いことだ〉という態度は、教育の伝達不可能性（伝達可能であれば教育ではなく、伝達不可能であれば教育にならない）を回避し続けるが故に、疑似教育に陥る。そして、この疑似教育から教育への方途の一つが、ユーモアへの態度変更であった。それは、教育の現場に即した言葉で表現するならば、〈正しいことは良いことだ〉に固執するのではなく、〈正しくなくても良いこと〉や〈正しくても良くないこと〉を受け入れる（精神的）態度を養うことであり、そのような肯定的自他関係とそれを相対化する観点を準備することであった。

しかし、以上の方策は、とりわけ一九九〇年代以降における現行の教員養成改革や教師教育の動向とは逆行する提案となるかもしれない。なぜなら、それらが、例えば、教員養成スタンダード化の動向を踏まえた「教職実践演習」、及び「教職履修カルテ」の導入が、或いは、教員評価の徹底としての「教員人事考課制度」の進展が、各教員と教職を志望する学生に〈正しいことは良いことだ〉という態度を要請（養成）するからである。

例えば、佐久間（二〇一三）は、四年制大学における教職実践演習の実施が開始される二〇一五年度を見据え、既に二〇一三年の段階でそれを教員養成改革の動向に位置づけ、大学が直面している課題について、次の二つのことを指摘している。それは、教職実践演習の新設によって大学は、第一に、政治やイデオロギーの影響を相対化しつつ学問に基づいて教員養成を行うという社会的責務をどこまで認識できるか、また、自律的に教員養成カリキュラム改革に取り組むことができるのかを問われていること。そして、第二に、学問の自由および思想の自由に根ざした教員養成の内容や方法を、厳しく問われていること（一二二―一二三頁を参照）である。（注1）しかしこのことは、現段階において「専門家養成」よりもいよいよ「実務家養成」へと向かいつつある改革動向を鑑みたにせよ、(2)一概に「教職実践演習」、及び「教職履修カルテ」の導入や「教員人事考課制度」の進展そのものを否定することを意味していない。例えば、教職履修カルテの作成においても、京都大学教育学部の提唱するポートフォリオを媒介とするコラボレイティブな学び（西岡・石井・川地・北原、二〇一三）や大阪市立大学で進められている各学生の教職履修経験のナラティブを構築することを目的とした面談（上森・平野・添田、二〇一五）を設定する等、先の二点の問題に対応する試みは為されているからである。問題であるのは、制度改革そのものよりも、それをどのように取り入れるのかということであり、そして、それが要請（養成）する教師の態度をどこまで解体し得る（し得ない）のかということなのである。

この点に関して、紅林（二〇一三）は、従来型の中央集権的で、画一的で、均質的な教育スタイルに新自由主義の要素を加えた現行の教師教育改革は、教師の資質能力の向上を課題とし、学校間に競争を導入させ、学校評価や教員評価を実施することで、個々の教師の自由を奪い、教師に考えなくてもよい状況を生んでいる（教師の質をどこまで低めることができるかという大いなる実験を続けている）ことを何よりも問題にしている。それは、目の前の子どものために主体的・自律的に考えることから始まる「翻案」の余地を実践から奪うからである。ここで「翻案」とは、制度や政策を現場が受容するときに、運用可能な形に主体的に読み替えて実施することである。教育の文脈に即すならば、社会のための教育をねらいとする教育政策を、教師が学校現場で子どものための実践につくり替える作業として言い換えることができる。〈（教育政策における）正しいこと〉の伝達を、〈（教師と子どもの）良いこと〉の形成へと組み替えていくための技法であり、組み替えんとする態度である[3]。

以上のことを踏まえ、紅林は、二〇一四年四月に起きた次の出来事を、教職の高度専門職性（の問題を露呈させること）に関する議論の格好の教材として取り上げる[4]。

埼玉県の県立高で四月、一年生を担任する女性教諭が入学式を欠席し、同じ日に別の高校であった息子の入学式に出席した。この事実が式典に参加した県議のフェイスブックや複数メディアで伝えられると、インターネット上で議論が沸騰。主な論点は「教師として無責任」か「教師も一人の親」かだが、二者択一で簡単に結論を出せるのか。子育てとの両立に悩みながら働く女性らは教諭に自らの姿を重ね、職場の理解が進まない現状を憂う。

関係者によると、女性教諭は高校受験でストレスを抱えていた一人息子が、高校生活を無事スタートできるか心配し、事前に校長に説明して休暇を認められていた。入学式当日、自らの生徒に欠席をわびる手紙も準備していたという。（三三頁）

ここでは、何が問題だろうか。それは、この教師が自分の生活を優先したことでも、教師が私生活を犠牲にせざるを得ない状況にあることでもない。そうではなく、問題は、むしろこのような〈教職聖職者論 vs 教職労働者論〉という古典的な問題の枠内でのみ解釈してしまうという教職に対する態度であり、それによって、この女性教諭の「翻案」を見逃してしまうということなのである。紅林の言うように、この事例は「聖職者論と労働者論の論争を超えた、高度専門職としての教職の在り方と、その判断の今日的な難しさを示す事例」（三四頁）として読み取るべきものなのである。ここには、二つの異なるタイプの判断が示されていると言う。一つは、担任教諭や校長が行っている当事者性を伴った判断であり、もう一つは、県議やネット上の声や世間が行っている当事者性を欠いた判断である。前者が、〈良いこと―良くないこと〉の価値基準を表すならば、後者は、〈正しいこと―正しくないこと〉のそれを示すと言えるだろう。そして、紅林は「教育の専門職としての教師に求められる判断とは、教育の当事者としての判断であり、問題の当事者としての判断ではない」（三四頁）と截然と前者の態度を主張する。

その判断が問題にしているのは、自分の子どもの入学式と勤務校の入学式のどちらに出席するかでも、それは権利なのか義務なのかでもなく、自分がクラスの生徒たちといかに向き合っていくかということであり、現在と予想される未来に教師としていかに対応し、問題を処理していくかである。（三四頁）

この引用から読み取ることができるのは、子どもとの「関係」とそれを捉える「観点」を含む教育の当事者としての判断においてのみ「翻案」が可能であり、「翻案」の過程を汲み取ることが可能だということである。そして、ここに〈正しいことは良いことだ〉から抜け出る方途を見出すことができるのである。

第二節 〈質〉への接近と四象現

しかし、上記の事例において、当事者性を伴う判断をしてみても、そこに〈可笑しみ〉を読み取ることはできない。恐らく、この事例において、女性教諭の翻案があまりに巧みなため〈正しいこと〉と〈良いこと〉の食い違う事態――〈正しいけれども良くないこと〉や〈正しくないけれども良いこと〉――を欠いているからであろう。そして、それ故に、学校的価値や秩序の向こう側を予見させる、あの開放感を与えてはくれないからである。あるいは、それは、「翻案」の過程における女性教諭の意図や意味を読み解くことはできても、そこに醸し出される教育の〈質〉を問うことは難しいことを示している。

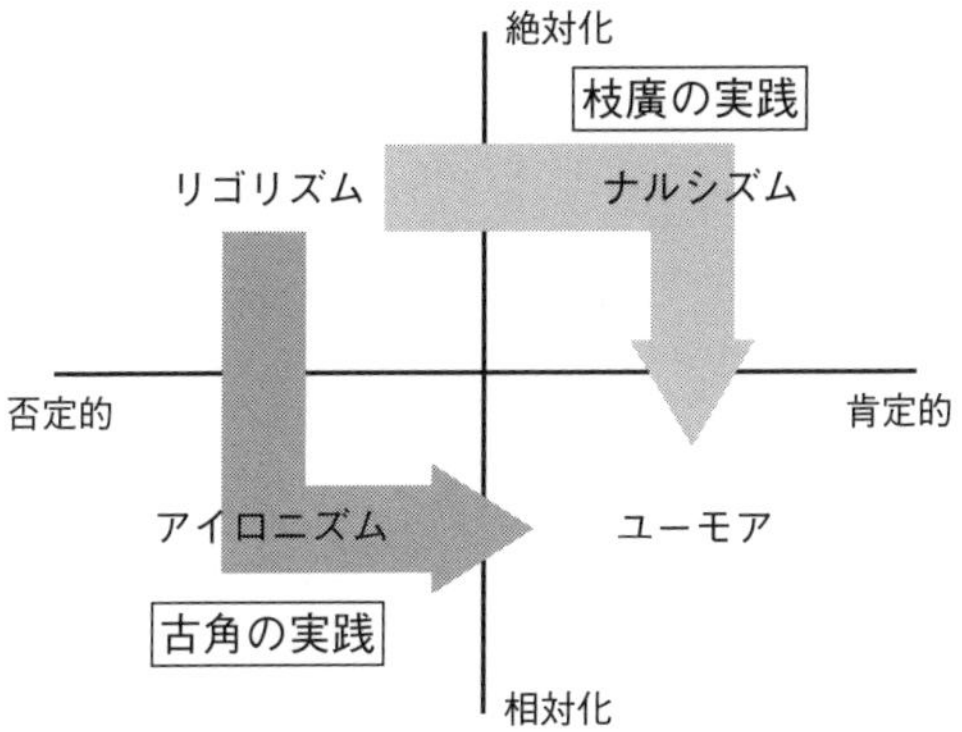

図1　教育の〈質〉を示す四象現

ここで教育の〈質〉とは、笑い×（精神的）態度に現出する、未だ〝意味〟や〝物語〟として成立していないパラドキシカルな事態における経験のことであり、状況を共有したその場の人々によって感受される（ある時は不快感として、ある時は開放感として感じるような）雰囲気を表すものである。既述のとおり、笑いが、その行為を惹起する自他「関係」を前提とし、（精神的）態度が、自他関係をどのように捉えるのかという「観点」を表すことを踏まえるならば、教育の〈質〉を図1の四象限の図式で把握することが可能である。

ここで各象現は、〈正しいこと〉と〈良いこと〉をそれぞれ異なる仕方で「翻案」するが、ナルシシズム、リゴリズム、アイロニズム／シニシズムは、何れにおいても〈正しいことは良いことだ〉という倒錯した学校的価値や秩序を補完する。そして、〈正しいが良くないこと〉を察知し、〈正しくないが良いこと〉に目を向けるとき、この疑似教育の円環の外側を予見するユーモアという教育的態度が形成されるのである。以下では、第一章（枝廣実践）と第二章（古角実践）を検討することで、疑似教育（ナルーリゴーアイロ／シニ）から教育（ユーモア）へと向かう教師の態度変容について検討する。

第三節　二つの態度変更

第Ⅲ部第一章、第二章の両実践とも、〈正しいこと―正しくないこと〉といった学校的価値基準では収まらない教育的経験から始まっていることに注意すべきである。この経験を通して〈正しいことは良いことだ〉というリゴリズム的態度に対する疑念が生じているからである。それは、枝廣においては、関東の（武士的）笑いの文化からすれば、〈正しくない〉と思われる関西の（商人的）笑いの文化の差異として経験された。

……関西には笑いが起こりやすい風土がある。換言すれば、ルールが「ゆるい」。十年ほど前の話だが、ある先生は児童に向かって「あほ」とか「ぼけ」とか平気で言っていた（それを聞いて私は言っていいのだと思ったが、後に言ってはいけなかったことに気づく）にもかかわらず、保護者からの苦情もなかった。（とはいえ教師が「あほ」や「ぼけ」と絶対に言ってはいけない。）

また、古角においては、苦労して作った「保健だより」が無惨にもゴミ箱に捨てられていたときの傷として経験されたのである。

ある日、そのような苦労をしてでき上がった「保健だより」を職員朝礼時に教職員の机上に配付した。そして、保健室での簡単な事務的作業を済ませ職員室へ戻った。なんと今配付した「保健だより」が他の紙ごみと一緒にゴミ箱に捨てられていた。ということは、毎月毎月発行している「保健だより」も同じことになっているのかもと想像してしまった。せめて制作者の養護教諭にわからないように捨ててくれればいいのにと思うのが精一杯の自分自身への慰めだった。この事実から、配付の対象者になっている子どもたちにとっても、筆者が発行している「保健だより」に関心を示していないのかもしれないと思った。

こうして、それぞれの時点において、枝廣、古角とも学校的観点の要請するリゴリズム的態度を解体し、ユーモア的態度へと向かい始めるのである。しかし、何よりも重要であるのは、ユーモア的態度へと歩を進める両者の道程の違いであり、二人の専門性を示す「翻案」の相違である（図1の二つの矢印を参照）。リゴリズム的態度と言えども、小学校の担任教師である枝廣は、毎日のように子どもと顔を合わせ、彼（女）らとの情緒的かかわりが求められる存在である。そのような枝廣にとって、〈正しいことは良いことだ〉とするリゴリズム的態度の解体は、単に自他関係を肯定することを意味しない。それが、〈良いことは正しいことだ〉とするナルシシズムに終止する態度であることを知っているからである。ここで第一章（枝廣論文）において、本文と括弧文が多用されていることに注意すべきである。なぜなら、それは、先の引用文にも見られるように、彼の建前と本音、メッセージとメタ・メッセージを表しているからである。何かを語るとき、彼は次のように二重に語るのである。

……「大阪のおばちゃん」と言われるタイプの人たちは、自他関係を肯定した生き方を自然と身につけているように思う。見習う点はある。（中略）（余談だが、あくまで私見として、関西に一〇年以上住んでいて、関西もかなりルールが大切にされ、人間関係がマニュアル化してきているように思う。ルールは確かに大切だが、個人的には少し残念な気もする。）

本気で教師が怒らなければいけない場面、例えば宿題を忘れないように前日に散々注意した子がまた宿題を忘れ、教師が「いつやるんだ！」と怒鳴る。こうした時に児童が「今でしょ」と言うのは許されないことであると私は捉えるだろう。

無論、以上のことは、「関西人らしくもっとルールを破るべきだ」（〈良いことは正しいことだ〉とか、「真剣なときのおふざけはいかなるときも許すべきではない」（〈正しいことは良いことだ〉）ことを意味しない。そうではなく、枝廣は、〈正しいこと〉と〈良いこと〉の固着を拒み、アンバランスに揺れ動く両者の間で思考しているのである。つまり、両者の絶対化から身を引き、それを相対化しようとするのである。このような観点は、例えば、矢島（二〇一二）の提唱する「素」と「笑われ力」に対する彼の疑念にも表れている。

矢島（二〇一二）は右記のように述べ、「素」をコントロールするために教師は「笑われ力」を身につけるべきだとする。私は、右記の考えに大いに同意する。「素」を見せないゼロトレランスな教室は危険である。ただ、矢島の言うように、教師が笑われることが大切だとは考えていない。笑いを大切にしたときに子どもはどうなるのか。矢島には教師の「素」が子どもに移行するという視点はない。教師のそうした「笑われキャラ」的立ち振る舞いが子どもに移行し、笑われキャラをつくることで安心する子どもたちを育てはしないだろうか。

だが、枝廣も教師が「素」を出すこと、「笑われ力」を身につけることの意義を認める。それは、それが役立つからでも、そうあるべきだからでもなく、教師と子どもの自他関係を肯定しつつ、それを相対化することがあるからである。つまり、〈正しいことは良いことだ〉の外側を志向し、ユーモア的態度への変更を可能にするからである。この点を踏まえ、以下のエピソードを聞くとき、われわれが〈可笑しみ〉を感じるのは、ここでは教師と子どもの自他関係が肯定されつつも、それが相対化されているからである。

一つ例をあげる。私は後頭部に生まれつき瘤があり、数年前、病院で見てもらったところ、後頭部頭蓋骨に十円玉ほどの穴があり、頭蓋内に水泡がある、一年間の経過観察が必要と言われた。頭の中のことであるので不安で、児童を叱ったときに頭痛がすると脳に何かあるのではと深刻に悩んだ。そもそも大人になってから自分の頭蓋骨に穴が空いていたと知ることは結構な衝撃であった。

叱ることが怖くなり、教師という仕事が向いていないのではと悩んだ。プライベートなことなので話をする必要がないと判断し、同僚にも児童にもその話はしないでいた。心配をかけたくない心理もあった。頭のことが関係あったのかわからないが、自分としては学級に対してなにかしっくりこないものを感じていた。

約一年後、経過の診療の日、学校を午前中だけ休んだ。経過は良好ということであった。子どもたちに頭の話をすることにした。自分としては命に関わる問題であり、深刻に思い悩んでいたことであった。話をすることに勇気が必要だったが、午前中学校を休んだ理由をきちんと説明したいと考えた。緊張しながら真面目に話をした。しかし、話を聞いた子どもたちは笑っていた。頭に穴が空いているというのが面白かったらしい。笑われたことは意外であったが、気持ちはすっきりした。頭のことも吹っ切れた。その後児童と関係が良くなったように感じた。

この事例は、「真面目なときのおふざけは許すべきではない」と言う枝廣の本音（？）と矛盾する。そして、この矛盾故に教育が成り立っているのである。ここでは、〈正しくないけれど良いこと〉を受け入れるユーモア的態度への変容が生じているからである。

以上、枝廣の実践からは肯定的な自他関係を相対化することでナルシシズムを抜けた過程が明らかとなった。次に古角の実践からは、自他関係の肯定へと向かうことでアイロニズム／シニシズムを抜ける過程を読み取ることができる。小学校の担任である枝廣とは異なり、養護教諭である古角は、学校的価値・秩序に規定された教師、子どもの関係をそもそも相対化しているからである。それ故、彼女にとって第一義は、学校内においてどのように自他関係を肯定し得るのか、であった。苦労してできた「保健だより」がゴミ箱に捨てられていたとき、彼女は、「『保健だより』がつまらないのは知ってるわ、でもそういうもんでしょ!」とアイロニカルな応答はしなかった。ある学校長のつまらない講話で貧血者が続出する、その「啓発型」の存在否定の惨さを知っていたからかもしれない。そして、「啓発型」から「コミュニケーション型」へと「保健だより」を変えるのである。

そこで、これまで試行錯誤しながら作成していた「啓発型保健だより」を一新した。発信者と受信者の相互の気持ちが通じ合い、自他関係が築けるような「コミュニケーション型保健だより」へと視点を変更させることに着目し、早速実践することにした。

「啓発型保健だより」は、間違いのない正しい知識の伝達に重きを置くことから情報が主に「縦」に流れる。不特定多数の視聴者に向かって流れるテレビ等と同じである。「コミュニケーション型保健だより」は、その学校の読者だけにターゲットを絞り、受信者同士が「なるほどそうか」「そういうこともありだね」と分かり合えるようなオリジナルな話題を届け、その健康情報を媒体に、コミュニケーションをしてもらうという意図をもって発行する。その学校だけに関わりのある者同士(保護者・子ども・教職員)が一枚の紙面の健康ネタを共有しながら交流をする目的をもって作成し、情報が「横」に流れネットワークをとることができるように改良した。

この「縦」から「横」への改良によって、〈声に出して話したい「プチ健康相談」〉のユーモア回答が生まれる。ここに見られる変化は、単に彼女が子どもにウケる言い回しをするようになったということではなく、彼女と子どもとの自他関係の変容である。どこにでもいる誰かに伝えるのではなく、他ではないあなたに語りかけるようになったということである。それ故に、以下のようなムダなやりとりのなかに〈可笑しみ〉があるのである。

【わたしの相談】

本を読むとすぐに眠くなって読めないことが多いです。どうすればいいですか。

【お答えします】

特に布団の中で本を読むと、アッという間に寝てしまったことを先生も経験しました。Aさんの気持ちはわかります。眠い、読めない、どうしようと悩む必要はありません。早く寝付くために本を読むと思えばいいいじゃないい!!

【わたしの相談】

今、わたしは相談することがありません。この先、ずっと相談のない人生を送るのでしょうか。

【お答えします】

困ったことはあっても、自分で知らず知らずの内に解決している人でしょう。素晴らしい能力の持ち主です。でも、相談のない人生もさみしいね。相談事がいっぱいある人に、少しだけ分けてもらいましょう。これで相談のない人生とおさらばです。

以上のような「相談のない相談」が何故可能なのであろうか。このムダなやりとりのなかに、自他関係を肯定することで〈正しくないが良いこと〉を受け入れる古角の態度変容を見て取ることが可能である。言い換えると、それは伝達不可能なメッセージ（＝相談のない）を受け入れる（＝相談する）ような態度なのである。そして、このことが保健室の「いらっしゃいませ方式」の導入につながるのである。

そこで、「啓発型保健だより」から、「コミュニケーション型保健だより」へと情報の流れを変更したことを期に、徐々にではあるが養護教諭である筆者自身から子どもたちに向け、コミュニケーションをとるために以下のようなスタイルをとった。筆者から「打って出る」姿勢へと態度を変更したのである。

休憩時間になると、出入り口付近に個人用の椅子を数個設置し、子どもが保健室に入室するのを待つ。そして、入室と同時に、子どもからの声がかかる前に、できるだけ筆者から「どうしたの？どうぞ！」と第一声を発し、その椅子に座ることを勧めた。このスタイルを「いらっしゃいませ」方式と呼び名をつけた。そして、処置や対応が終わり保健室から教室に戻る際には「いってらっしゃい」と小声で囁くようにした。

ここでの「いらっしゃいませ」は、何を意味するだろうか。もちろん、これは子どもをお客様として扱い、どのような要望にも耳を傾けるということではない。そうではなく、先の「相談のない相談」の延長にあるものである。つまり、学校的価値・秩序において正当とされない理由をもっていたり、あるいは本人にさえ未だ意味や声として成り立っていない蟠りを抱えている子どもとの関係を肯定しようとすることである。言い換えると、保健室を学校的価値・秩序の境界として位置づける疑似教育（リゴリズム）から教育（ユーモア）への態度変容を志向したものだと言えるのである。以上、古角実践の一連の変化を、相対化の陥穽としてのアイロニズム／シニシズムを抜けて、ユーモアへ向かう過程として捉えることが可能であろう。

第四節　考察

枝廣・古角両実践における二つの態度変容から、ユーモアとしての教育的態度が、前者においては、肯定的な自他関係を相対化することによって、そして後者では、相対化された自他関係を肯定しようとすることによって、引き起こされることが確認された。また、両実践ともその変化が、〈正しくないけれども良いこと〉を受け入れようとする過程で生じていることが明らかとなった。また、〈正しいことは良いことだ〉のリゴリズム的態度から〈正しくないけれども良いこと〉を受容するユーモア的態度の変容に関して、枝廣の実践は〈正しいこと〉と〈良いこと〉の関連において〈良いことは正しいことだ〉と固定するナルシシズム的態度を相対化する必要があることを示している。そして、古角実践は〈正しいこと—正しくないこと〉自体を放棄してしまうアイロニズム／シニシズムに対して、学校的価値・秩序からはみ出した教育経験の〈良いこと〉を感知する必要があることを指し示していると言える。それは、枝廣のような「笑われ力」や古角の言う「いらっしゃいませ方式」を勧めるものではない。むしろ、これらのことは、ユーモアが使われるべき道具なのではなく、醸すものであり、纏うものであることを教えてくれる。枝廣の被った「頭の穴」や古角の受けた「相談がないという相談」は、図らずも位置した学校的価値・秩序の境界であり、そこに生じた〈可笑しみ〉は、この二人の特異な関係と観点の「翻案」によって醸されたのである。

以上の両実践は、近年の教師教育改革や教員評価の基準からすれば、ムダか、あるいは減点対象として扱われるかもしれないものである。更に言えば、教師の「翻案」過程に注目する教師教育の質的研究においてさえ、「成長」や「発達」の枠外に位置づけられるものかもしれない。しかし、教育実践における〈可笑しみ〉を汲み取ろうとすること、そして、教師のユーモア的な態度の変更に疑似教育から教育への可能性が拓かれることを踏まえるならば、新たな教師教育の方途を提示していると言えるのである。

注

1　石井（二〇一三）においても、教職実践演習の導入が、免許授与時に「完成品」を求める想定、要素的・直線的な教師の資質能力の成長イメージ、単位認定権を持つ教員の下で教職課程や学校生活の学びの総括を行う管理的側面、教員養成に対する大学の自律性の縮小という、言わば形式主義に陥ってしまう危険性を孕んでいることが指摘されている。

2　例えば、佐藤（二〇一五）は、次のように説明している。「専門家教育としての『実戦経験』にふさわしいものに現行の教育実習を長期化し改善するためには、抜本的な改革が必要である。近年、国立大学の教員養成学部では教育実習の位置づけを重視し、実習期間を長期化する傾向も見られるが、その改革が教師の専門職性を強めるとは思えない。なぜなら、学部段階の教育課程において教育実習を長期化し重視する改革は、教科専門や教育学や教科教育法や教養教育を圧迫し縮小させることになり、結果として『専門家』ではなく『実務家』の養成へと転落してしまうからである。実際、そのような専門職性を劣化させる改革事例は少なくない。専門家教育にふさわしい『実戦経験』に教育実習を改革するには、教員養成の期間を現行の四年から、五年ないし六年へと延長することを前提とすべきだろう」（八七頁）。

3　苅谷・諸田・妹尾・金子（二〇〇九）は、宮崎県における「教員評価」の導入を「翻案」の過程として分析し、それを「自らが打ち出した制度改革の原案の主旨を活かしつつも、場合によっては主旨までも読み替えて、ともかく、制度を現場に入れ込んで現場の日常的な風景の一つにしていくために、『主体的に』修正・変更を行う過程」（一三頁）としている。それは、「現場に困難をもたらすと多くの人々から（改革サイドも）思われている『教員評価』が、当初の意図や制度の骨格を変えながらも、なんとか現場に入り込んでいく」（一三頁）ことを明らかにするのである。

4　Listening:「仕事より家庭」は無責任か　息子の入学式出席の担任教諭　二〇一四年五月二十六日。(http://mainichi.jp/journalism/listening/news/20140526org00m100005000c.html)

参考文献

上森さくら・平野拓朗・添田晴雄（二〇一五）「大阪市立大学における教職課程履修カルテを用いた面接指導の実践報告」大阪市立大学『大学教育』第一二巻（二）、一－六頁。

苅谷剛彦・諸田裕子・妹尾渉・金子真理子（二〇〇九）『検証　地方分権化時代の教育改革「教員評価」』岩波ブックレット。

紅林伸幸（二〇一四）「高度専門職化と〈考える教師〉――教師文化論の視点から」日本教師教育学会編『教師教育の〝高度化〟を考える』『日本教師教育学会年報』第二三号、三〇－三七頁。

佐久間亜紀（二〇一三）「教員養成改革の動向――『教職実践演習』の意義と課題」日本教育方法学会編『教師の専門的力量と教育実践の課題』図書文化。

佐藤学（二〇一五）『専門家として教師を育てる――教師教育改革のグランドデザイン』岩波書店。

西岡加名恵・石井英真・川地亜弥子・北原琢也（二〇一三）『教職実践演習ワークブック―ポートフォリオで教師力アップ』ミネルヴァ書房。

結　語

三好正彦

最後に結語としてまとめさせて頂く。

本書に携わった共著者は、それぞれ立場も研究テーマも異なる面々である。さらに言えば、笑い・ユーモアと教育を専門的に探究してきた者は一人もいない。そのような者たちが主張する内容は、長年このようなテーマで研究・探究してきた方から見れば、不十分な点も多々あることと思う。確かに粗削りで穴だらけの内容となっていることは、否定できない。しかし本書を書き終えた今、我々は挑戦的で試掘的探究によって、笑い・ユーモアと教育に関する論を新たなステージに引き上げる主張を展開することができたという自負をもつに至っている。

これまでの、笑い・ユーモアと教育についての論は大きく分ければ、第I部第一章で触れたように以下の三つがあげられる。一つ目は、健康増進のための笑い・ユーモア、二つ目は、学校・学級運営のための笑い・ユーモア、三つ目が、個人の資質・能力向上のための笑い・ユーモアである。それぞれ、学校を含め社会の様々な変化の中、笑い・ユーモアへのニーズが高まっていること、またそれが有効であることがある程度実証されてきていることの表れであると言えるだろう。「笑う実践」によって、疾患が軽減された人は実際にいるだろう。また、学級経営に悩む若い教員が、「笑い」を取り入れることで解決したケースもあるだろう。また、「笑育」などの実践のように、「笑い」を個人の資質・能力の向上に役立て、効果を上げている事例もあるだろう。我々はそれらを否定する気はない。

しかし、一方で笑い・ユーモアが前提的に「良いもの」とされ、「〜のための」という方法論として用いられる現状に少し違和感を感じている。それは特に〝学校〟という場において「笑い・ユーモア」が方法論的に用いられる際に、その違和感は大きくなる。学校において「笑い・ユーモア」を用いることは、教育という「よく分からない」領域を単純化させてしまいかねない。マニュアル的に「笑い」を道具として学級経営に役立てるものとした場合、その道具を使いこなせない教員はどうなるのか、笑えない子どもはクラスの中でどのような思いをするのか、教員の面白くない笑いに子どもは付き合うべきかどうか、予定調和の笑いが重視され過ぎて子どもからの笑いは教員に無視されていないのか、というような教師と子どもの間の微妙な関係性（教育の質）に目が向かなくなっているのではないかと考えるのである。この点については、第I部で議論してきた。

そこで本書は、この「〜のための」という方法論から、「〜としての」という態度論への転換を訴えてきた。笑い・ユーモアは使うものではなく、「身に纏うもの」である。そのための要点として二つの態度変容を示した。一つが、学校的価値を相対化するという姿勢である。学校的価値が絶対化する、つまり「正しいことが良いことだ」という価値観のもとでは、自身の実践や子どもとの関わりは見えにくくなる。子どもたちの行為についても、学校という場を基準とした規範のフィルターを通してしか見れなくなってしまう。教員（学校）にとっては笑えなくても、子どもにとっては笑えるものの中に、教育的な価値が埋もれていることもあるのである。そして、もう一つが自他関係の肯定である。「笑い」を道具として用いることを否定しているわけではないが、同じような「つかみ」でも、通用する学級とそうではない学級はある。当たり前のことだが、所属している子どもがそもそも異なるのだから当然のことと言える。教師と子どもとの間の「良い関係」を構築するにあたり、「わたし―あなた」の関係性をどこまでも重視する姿勢は基本となる。この二つの姿勢を取ることにより、方法論的な「笑い・ユーモア」から脱却し、ユーモア的態度をもって、子どもとの関係を結ぶことができるようになるはずだ。

このユーモア的態度は、今の窮屈で息苦しい学校の状況にもっとも必要とされるものと我々は考えている。第Ⅱ部で言及したように、学校は、ゼロトレランス的な生徒指導・学校経営の進行、学校・教員評価、教員養成のスタンダリゼーションと併せて、ますます窮屈で息苦しい場となっていくであろう。そのような方向性は、教師の教育力向上につながるものなのか、そして子どもの育ちに還元され、子どもにとって良いものになるのか、非常に疑問である。点数や評価という可視化されたものにのみ光が当たり、目に見えない質的なものが捨象されていく学校現場の現在の状況のもとでは、「笑い・ユーモア」はますます便利なものとして利用され、逆に「笑わせないといけない」「笑わないといけない」という窮屈な状況を促進するものにもなりかねない。

その意味で、学校的価値に囚われない「教師―子ども」関係から生まれるもの、子どもの振る舞い、教員の主体性を発揮した関わりなど、学校現場をより豊かに可笑しみのある場へと転換していくには、教員、ひいては学校が「ユーモア」を纏った雰囲気づくりをいかにつくれるかにかかっていると言っても過言ではない。それは、教員一人ひとりの姿勢・態度が創り出すものであり、肩肘を張らずに、子どもや子ども同士の関係性から生まれるもの（時にはいじめ的な好ましくないこともあるだろうが）をゆったりと見つめ、共に価値を見出そうとすることではないだろうか。第Ⅲ部では、そのような方法論から態度論への変容を事例を紹介しつつ議論した。確かに、すぐにこのような姿勢や態度に転換させることは難しい。学校の状況やこれまでの自身の実践など、さまざまな葛藤やしがらみがあることだろう。しかし、少し自身の実践、学校という場を少し外から見る視点をもつ、学校的価値に囚われずに子どもを見る、そのような少しのことから始めてみることで学級や学校の雰囲気は変わってくるのではないだろうか。

現在の学校の状況は、本当に教師にとっても子どもにとっても「しんどい」ものである。その中で奮闘している教師の方々に少しでも勇気をもってもらい、元気を与えることができればという想いで本書の共著者それぞれが執筆活動に取り組んできた。本来、教育は人生という長い期間でみられなければならないものであり、学校教育が意味あるものとなる子どももいれば、そうでない子どももいる。そのように考えたら、学校という場をせっかくならば教師にとっても、子どもにとっても「楽しい場」「良い場」にしていったほうが価値的ではないだろうか。学校という場自体が社会の中で「絶対化」し、学校に対する視線も厳しい昨今、悠長なことを言っているかもしれない。しかし、学校の雰囲気を創るのは、教育委員会や文部科学省の方針ではない。教師と子ども一人ひとりの関係性なのである。

本書を最後まで読んで下さった方は、この意味を理解して頂いていると思う。一人ひとりがユーモア的態度を身に纏い、子どもとの豊かな関係を結ぶ一助となることを祈り、本書を締めたいと思う。

謝辞

本著は、大阪女子短期大学の二〇一五年度学内研究助成の助成金を得て、出版されております。

本著の出版に当たっては、多くの方々のご協力を賜りました。本著の内容は、毎月の定例会の議論によって洗練されていったことは間違いなく、参加して頂いた方々の存在は非常に大きかったと思っております。特に、谷岡浩二先生、立本千寿子先生には、深く議論に加わって頂きまして、ありがとうございました。

また、現代書館の小林律子さんには、出版に関わる諸々の作業や内容に関する御助言など、多大なるご尽力頂きまして、ありがとうございました。

編者・執筆者紹介

❖編者

三好正彦（みよし・まさひこ）
大阪女子短期大学准教授。二〇〇九年、京都大学博士（人間・環境学）。専門・関心領域は教育学、児童福祉学、インクルーシブ教育、社会的包摂、子どもの放課後生活など。著書『連携と協働の学童保育論――ソーシャル・インクルージョンに向けた「放課後」の可能性』解放出版社、二〇一二年。

平野拓朗（ひらの・たくろう）
大阪女子短期大学助教。二〇一三年、京都大学博士（人間・環境学）。関心領域は教育方法学、質的心理学、ヴィゴツキー理論。論文に「教室における、人格発達の最近接領域に関する一考察――ヴィゴツキーの心理システム論の観点から」『教育方法学研究』第三八巻、二〇一三年、他。

❖執筆者

枝廣直樹（えだひろ・なおき）
尼崎市立尼崎北小学校教諭、フレネ教育研究会関西サークル代表。学習院大学文学部英米文学科卒業。兵庫教育大学大学院学校教育研究科修士課程修了予定。関心領域は教育思想史、興味論。

古角好美（こかど・よしみ）
大和大学保健医療学部看護学科教授。大阪教育大学大学院教育学研究科（修士課程）実践学校教育専攻修了。関心領域は学校保健、学校心理。著書『養護教諭のための異動ファイル』少年写真新聞社、二〇一四年。

柴田尚樹（しばた・なおき）
京都大学大学院人間・環境学研究科修士課程在籍。京都大学医学部人間健康科学科作業療法学専攻卒業。関心領域は障害児教育。

鈴木伸尚（すずき・のぶひさ）
京都大学大学院人間・環境学研究科博士後期課程在籍。日本学術振興会特別研究員。京都大学大学院人間・環境学研究科博士前期課程修了。関心領域は教育学、教育思想史（フレネ教育、制度主義教育論）。

ユーモアとしての教育論《きょういくろん》
――可笑《おか》しみのある教室《きょうしつ》へ

二〇一六年三月十日　第一版第一刷発行

編著者　三好正彦・平野拓朗

発行者　菊地泰博
発行所　株式会社現代書館
東京都千代田区飯田橋三―二―五
郵便番号　102―0072
電　話　03（3221）1321
FAX　03（3262）5906
振　替　00120―3―83725
組　版　プロ・アート
印刷所　平河工業社（本文）
東光印刷所（カバー）
製本所　積信堂
装　幀　奥冨佳津枝

校正協力・栢森 綾
 ISBN978-4-7684-3545-8
定価はカバーに表示してあります。乱丁・落丁本はおとりかえいたします。
http://www.gendaishokan.co.jp/

活字で利用できない方のための
テキストデータ請求券
『ユーモアとしての教育論』